UNA **ÉTICA** Y UNA **CIUDADANÍA** PARA ENCONTRARNOS CON LOS OTROS

PROPUESTAS DIDÁCTICAS abiertas
para la enseñanza de la Formación Ética
y Ciudadana en los distintos niveles

Liliana Cola
María del Valle Raffa

HomoSapiens
EDICIONES

Cola, Liliana

Una ética y una ciudadanía para encontrarnos con los otros: propuestas didácticas abiertas para la enseñanza de la Formación Ética y Ciudadana en los distintos niveles / Liliana Cola; María del Valle Raffa.
- 1a ed. - Rosario: Homo Sapiens Ediciones, 2018.
232 p.; 22 x 15 cm. - (Educación)

1. Formación Ética y Ciudadana. I. Raffa, María del Valle II. Título
CDD 323

© 2018 · **Homo Sapiens Ediciones**
Sarmiento 825 (S2000CMM) Rosario | Santa Fe | Argentina
Tel: 54 341 4243399 | 4406892 | 4253852
editorial@homosapiens.com.ar
www.homosapiens.com.ar

Este libro se terminó de imprimir en octubre de 2018
en **Buenos Aires Print** de Walter A. Santiago | Tel. 011 4225-6553
Pte. Sarmiento 459 | Lanús | Buenos Aires | Argentina.

A Gaby por ser mi compañero de vida, mi sostén permanente y mi luz en las noches tan oscuras.

A mi hija Cande, por estar y ser la razón de mi vida.

A quienes me acompañaron, estuvieron presentes y dejaron huellas en mi vida.

Gracias por ser los mejores motivos para vivir y los más fuertes motores para crecer.

Los amo.

LILIANA COLA

A mis estudiantes del EDI, del EDI 1 y el EDI 2, por compartir sus decires e ideas.

A mis viejos, simplemente por serlo.

A mi nueva familia, Mati y Elo, por ser, estar y construir juntos.

MARÍA DEL VALLE RAFFA

Índice

Introducción

Sentimientos movilizadores, reflexiones, ideas, voces, silencios, dudas e interrogantes. Todo comienza a surgir en el universo compartido entre unas escritoras y algún lector. Este universo que se constituye en tanto decidimos emprender la escritura de un libro. Un libro siempre es fruto de una profunda convicción intelectual y moral, de una aspiración proyectada hacia nuevos rumbos, nuevas posibilidades y nuevos desafíos.

Quienes venimos trabajando en las escuelas nos interrogamos permanentemente, no solo por el qué debe enseñar la escuela hoy, sino que creemos que el giro retórico debería ser qué es todo aquello que la escuela no puede dejar de enseñar en la actualidad y los modos de abordar el cómo debe hacerlo. Esto no nos dirige hacia la ingenuidad de intenciones reducidas a decisiones técnico-curriculares, sino que nos orienta a pensar que el currículum involucra un proceso social, absolutamente público y político.

Considerando que la sociedad actual se caracteriza por vertiginosos cambios que conllevan a importantes desafíos morales para la humanidad en su conjunto, resulta prioritario acompañar a los y las docentes para responder sobre la pluralidad de mandatos sociales, entre los cuales emerge la primacía del desarrollo de una ciudadanía activa. Además es innegable que las polémicas, las dificultades y los conflictos sociales se introducen en el aula de diversas maneras, a veces silenciosamente y sin pedir permiso, y otras, irrumpen con una imperiosa necesidad de ser considerados. El contexto actual de crisis, atravesado por procesos de exclusión y por problemáticas que afectan la vida, la convivencia y la salud de las personas –la violencia, la discriminación, las adicciones, la inseguridad– plantean un desafío especial para la escuela, que le obliga a tomar, ineludiblemente, una posición para el abordaje de los mismos.

El recorrido del presente libro lo planteamos en dos sentidos. El primer sentido comprende los saberes y las concepciones teóricas acerca de los temas a enseñar en el área Formación Ética y Ciudadana. Entre ellos se encuentran: Ética y cuestiones morales; Ciudadanía y política; La infancia y la filosofía; La sociedad actual y la educación; El currículum y sus contextualizaciones curriculares; Estrategias metodológicas y evaluación. A lo largo de todos estos capítulos se ofrecen miradas que intentan desnaturalizar el imaginario institucional y social.

El segundo sentido considera los criterios pedagógico-didácticos que pretenden orientar la enseñanza y el aprendizaje de la Formación Ética y Ciudadana en el Nivel Primario a partir de la presentación de una serie de propuestas didácticas. Las mismas plantean ciertas problemáticas sociales, culturales, históricas, morales y políticas desde una mirada diferente que apunta a lo interdisciplinar, al juego entre diversos recursos y, sobre todo, a la mirada crítica de cualquier lector. Los ejes problemáticos giran en torno a: la amistad; el bien y el mal; la convivencia escolar; los vínculos violentos; la educación vial; los derechos de los niños y niñas; los estereotipos, la identidad y diversidad de género; la alimentación saludable y la participación ciudadana.

Cuando la realidad nos impulsa hacia terrenos movedizos e inciertos o cuando los valores se tensionan, consideramos que la mejor manera de posicionarnos frente a estas problemáticas es detener la mirada en ellas. En este contexto es la escuela una de las principales protagonistas de este desafío. En este sentido la tarea de enseñar Formación Ética y Ciudadana no solo requiere de conocimientos teóricos y conceptuales sino también de la adecuada selección y aplicación de estrategias metodológicas, de recursos y de instrumentos y de criterios de evaluación.

Este espacio público que es el aula se convertirá de este modo en un ámbito de construcción de la convivencia ciudadana que permita y promueva la deliberación sobre derechos y responsabilidades para garantizar la práctica de la vida social. No se trata solo de que los y las estudiantes conozcan y respeten las normas, sino de que participen progresivamente en la recreación argumental de sus fundamentos y se pregunten por la justicia de las reglas o de las leyes en cualquier ámbito social.

Pensar la escuela en términos participativos es dar un paso hacia la democratización de la misma. De lo que se trata es de introducir cuestiones de interés para los niños y niñas, de habilitar un espacio y un momento de escucha, de indagación y de imaginación que introduzca lo ético y lo político en los procesos de formación desde las etapas más tempranas.

Capítulo 1

Ética y cuestiones morales

"Cerrar temporalmente las puertas y ventanas de la consciencia;
no dejar que nos molesten el ruido y la lucha
con los que el mundo subterráneo de órganos que están a nuestro servicio
trabajan unos para otros, y también unos en contra de otros;
un poco de calma, un poco de tabula rasa de la consciencia,
a fin de que vuelva a haber sitio para lo nuevo…"
(NIETZSCHE, 2002: 306).

1. La moral cotidiana y el pensamiento ético

Moral y ética. Ética y moral. Formación moral y formación ética. Palabras que cotidianamente confundimos al utilizarlas como sinónimos. Palabras repletas de contenido que muchas veces se vacían del mismo en el discurso diario. Sin embargo, debemos destacar que la confusión entre ambas no es condenable ya que si nos remontamos a su etimología descubriremos la causa.

Tanto *ética* como *moral* provienen del vocablo griego antiguo *ethos*. Esa es su raíz etimológica común y la verdadera causa de nuestra confusión discursiva. No obstante, ese vocablo puede comenzar con dos letras griegas *e* distintas. Si bien las dos palabras resultantes van a sonar de la misma manera (*ethos*), una de ellas se escribirá ἦθος y la otra ἔθος. La primera palabra está escrita con *e* larga y la segunda con *e* corta. La primera se traduce como carácter y deriva en la palabra latina *mos*, que en el idioma español significa moral. En cambio, la segunda se traduce como hábito y es la que deriva directamente al español en la palabra ética. Hoy en día *ethos* significa el conjunto de actitudes, convicciones, creencias morales y formas de conducta ya sea de una persona individual o de un grupo social.

Ahora bien, ¿para qué necesitamos saber el origen de las palabras? En realidad si no nos topamos con esta explicación y esta derivación etimológica jamás comprenderíamos por qué utilizamos indistintamente las palabras ética y moral. Además, una vez que nos detenemos a analizar las traducciones caemos en la cuenta de que el hábito de realizar siempre las mismas acciones (ἔθος) hace que se vaya forjando nuestro carácter, nuestra personalidad (ἦθος). Persiste la sinonimia y la única manera de romperla es otorgándole a la ética un carácter de disciplina filosófica que estudia a la moral. En palabras de Julio De Zan: "En un primer sentido se comprende a lo moral como una dimensión que pertenece al mundo vital y que está compuesta de valoraciones, actitudes, normas y costumbres que orientan o regulan el obrar humano. Se entiende a la ética, en cambio, como la ciencia o disciplina filosófica que lleva a cabo el análisis del lenguaje moral y que ha elaborado diferentes teorías y maneras de justificar o de fundamentar y de revisar críticamente las pretensiones de validez de los enunciados morales" (2004: 19). De esta manera, podemos resolver la sinonimia diciendo que todas las personas, por el sólo hecho de tener razón, poseen moral y saben lo que implica. Para hablar de personas morales sólo basta con poder distinguir lo que está bien de lo que está mal y fundamentar mínimamente estos parámetros. En cambio a la ética se la estudia, se la interpreta y se la intenta comprender. Es una rama de la filosofía (que también puede llamarse *filosofía moral*) que, en tanto saber reflexivo, problematiza los actos, los juicios y las decisiones morales.

De esta manera, podemos cerrar este apartado diciendo que la moral es lo que se vive, lo que se pone en práctica diariamente a la hora de tomar decisiones, mientras que la ética entra en escena cuando se piensa a la moral, es decir, cuando se la trata de justificar mediante argumentos filosóficos.

2. ¿Multiplicidad de morales o una moral universal?

La hija pequeña de la patrona le preguntó al señor K, en el marco de una de las *Historias de Almanaque*[1] de Bertolt Brech[2] (1898-1956), ¿qué pasaría si los tiburones fueran hombres?, ¿se portarían mejor con los pececitos? En un momento, cuando se refiere a la formación moral de estos pececitos, el señor K responde que los tiburones les enseñarían a sacrificarse por sus pares y a creer que el hermoso y tan anhelado "porvenir" sólo les sería otorgado si aprendían a obedecer. "Los pececillos deberían guardarse bien de las bajas pasiones, así como de cualquier inclinación materialista, egoísta o marxista. Si algún pececillo mostrase semejantes tendencias, sus compañeros deberían comunicarlo inmediatamente a los tiburones" (Brecht, 1987: 88). Este breve pasaje nos introduce en la importancia y, a la vez, la necesidad de la formación moral en cada una de las personas y entre ellas, como miembros de una sociedad.

Las preguntas que subyacen al fragmento de Brecht tienen que ver con: ¿por qué las personas necesitamos de la moral? Al nacer, ¿ya tenemos moral? ¿O es algo que se va construyendo a medida que vamos viviendo? ¿Hay personas que no tienen moral? ¿Existen distintos tipos de moral? Para resolver un poco el enredo en el que nos metimos, debemos detenernos en cada una de estas cuestiones.

2.1. La moral, las culturas y las sociedades. Las acciones morales
y el pensamiento moral

Hay que tener presente que la moral se encuentra en la sociedad, es decir que hablaremos de un acto moral siempre y cuando sus consecuencias afecten a los demás. Hay moral porque hay sociedad y existen tantas morales como sociedades haya. Tal como afirma Brunet

---

1. Las piezas incluidas por Bertolt Brecht en *Historias de Almanaque* (1949) fueron escritas a lo largo de muchos años y dan la impresión de una heterogeneidad irreductible: poemas, narraciones que tienen como protagonistas a figuras históricas, relatos que se desarrollan en tiempos remotos o en la edad contemporánea, aforismos y proverbios. Todas ellas pretenden mostrar pautas morales, criticar los prejuicios de los que nos alimentamos e iluminar las zonas sombrías de la existencia humana.

2. Escritor y poeta alemán. Es uno de los dramaturgos más destacados e innovadores del siglo XX. El tratamiento original y distanciado de los temas sociales y de los experimentos revolucionarios ha influido enormemente en la creación y en la producción de obras teatrales modernas.

(2006: 44) si bien la moral ha nacido para regular y, es este aspecto el que sobrevive a todos los tiempos y espacios; hay otro aspecto, que tiene que ver con las valoraciones y las normas, que es variable a través de la historia y de las diversas culturas. "Toda moral es pues *histórica* y sólo puede comprenderse en relación con la sociedad que le ha dado origen" (2006: 47).

No obstante, cada moral se presenta y se ha presentado con pretensiones de universalidad, objetividad y necesidad. Pareciera que cada una de ellas quisiera trascender los instantes para que todas las personas se vean medidas por sus premisas. Si bien estas pretensiones acaban simplemente cuando comparamos a dos personas de dos culturas distintas, nada ni nadie puede negar que la moral exista para que nos volvamos conscientes de nuestros actos y responsables por ellos en todos los ámbitos de la vida.

Es en este punto cuando nos metemos en un terreno un poco sinuoso ya que *las morales* comienzan a confundirse con *la moral*. Sin embargo, es necesario sortear los obstáculos de este terreno para no confundir el nivel en el que *actuamos* moralmente con los niveles en los que *reflexionamos* moralmente.

Cualquier accionar moral está regido, en una primera instancia, por creencias, costumbres, actitudes y códigos morales. Explica Ricardo Maliandi[3] que ese accionar es el piso para comenzar a reflexionar sobre la moral. Si bien el autor destacar tres niveles de reflexión ética a partir de ese nivel prerreflexivo, aquí sólo apuntaremos, sin profundizar demasiado, que la reflexión propiamente dicha aparece cuando se intenta fundamentar y/o criticar las normas que constituyen ese piso (nivel de la ética normativa). Además, la reflexión también puede hacerse acerca de la semiología, al analizar el lenguaje en el que se expresa lo normativo (nivel de la metaética). Por último, la reflexión se halla de la mano de la descripción de las costumbres que se tomaron como base para la fundación de tal o cual norma moral (nivel de la ética descriptiva).

Estos cuatro niveles pueden comprenderse aún mejor cuando Maliandi expone las preguntas y las posibles respuestas que pueden acompañar a cada uno de ellos:

---

3. Maliandi, R. (2004) *Ética: conceptos y problemas*. Buenos Aires: Biblos. En el tercer capítulo de este libro, el autor realiza un examen exhaustivo de los cuatro niveles de reflexión del *ethos*: reflexión moral, ética normativa, metaética y ética descriptiva.

- Con respecto al primer nivel la pregunta sería ¿debemos hacer tal cosa?, lo que estaría demandando un consejo.
- En cuanto al segundo nivel cabe preguntar ¿por qué debemos hacer tal cosa?, cuya respuesta busca justificar o fundamentar.
- En el tercer nivel podríamos preguntar ¿qué carácter tiene una expresión lingüística como "debemos hacer tal cosa"?, en cuya respuesta se exigen aclaraciones sobre los significados y los términos.
- Para el último nivel una pregunta significativa sería si ¿creemos nosotros (agentes individuales, pueblo, grupo cultural o grupo religioso) que debemos hacer tal cosa?, y su respuesta pide informaciones descriptivas.

Si llevamos esta argumentación al plano de los ejemplos, podemos expresar lo siguiente:

Nivel 1 (Reflexión moral): No debemos mentir

Nivel 2 (Ética normativa): No debemos mentir porque podemos herir a otras personas, porque siempre es mejor decir la verdad, porque lo dice uno de los diez mandamientos o porque lo impone la sociedad.

Nivel 3 (Metaética): Es el análisis lingüístico que se realiza de la expresión "no debemos mentir".

Nivel 4 (Ética descriptiva): Nos podemos preguntar si estamos realmente convencidos/as de que no debemos mentir.

Toda la argumentación precedente nos sirve para darnos cuenta de que el término *moral* muchas veces está mal empleado y hasta malgastado. No en todos los planos reflexionamos de la misma manera. No en todos los ámbitos actuamos de la misma manera. Si bien el nivel prerreflexivo esconde cierta multiplicidad ya que depende de lo que cada ámbito sociocultural paute como lo permitido y lo prohibido, los niveles reflexivos van adquiriendo cierta abstracción en tanto son objeto de estudio de las disciplinas ya nombradas: la ética normativa, la metaética y la ética descriptiva. Todas estas conceptualizaciones nos ayudarán a comprender lo que sigue.

2.2. La conciencia moral: sus orígenes y su desarrollo

Ahora bien, con respecto al origen de la conciencia moral podemos decir que autores como los estoicos[4] y los cristianos[5] sostienen que nacemos con ella y que, cuando empezamos a vivir, la ponemos en marcha. En cambio otros pensadores, tales como los contractualistas[6] y psicoanalistas[7], sostienen que la conciencia moral es adquirida en el transcurso de la historia de vida a partir de la educación o la cultura (Brunet, 2006: 49-63). Esta distinción no es objeto de estudio de este libro, no obstante vale la pena enunciarla, haciendo hincapié en la postura que sostiene que la conciencia moral se construye y se adquiere. A esta postura nos aferramos, sobre todo desde el punto de vista de la teoría psicogenética de Jean Piaget y de la teoría psicoanalítica de Sigmund Freud.

2.2.1. *Piaget y el desarrollo moral*

El investigador suizo Jean Piaget (1896-1980) inicia su formación profesional en el campo de la Biología, y el interés que le provocaba

---

4. El Estoicismo fue una escuela filosófica ateniense fundada por Zenón de Citio (334-262 a.C). Sus doctrinas se organizaban en torno a tres disciplinas fundamentales: la Lógica, la Física y la Ética, a la que consideraban la cima del saber. Se suelen distinguir tres fases en el desarrollo de esta escuela: el estoicismo antiguo (representado por el propio Zenón y por Crisipo); el estoicismo medio (representado por Panecio y Posidonio); y el estoicismo nuevo (representado por Séneca, Epicteto y Marco Aurelio). *Cfr.*http://www.webdianoia.com/glosario/display.php?action=view&id=1 21&from=action=search%7Cby=E

5. Los filósofos cristianos se estudian en el marco de la Filosofía Medieval. Este período del pensamiento filosófico centró su interés en Dios y encontró en la filosofía un instrumento útil para intentar comprender los misterios revelados. La fe, que suministró las creencias a las que no se puede renunciar, trató de entrar en diálogo con la razón. *Cfr.* http

6. La Filosofía Contractualista, o Filosofía Iusnaturalista o Filosofía del Derecho Natural fue una corriente de pensamiento que se inició en el siglo XVI y tuvo su ocaso hacia el siglo XIX. Todos los pensadores que la integraron trataron de afrontar el problema político que tiene que ver con la constitución de la sociedad civil a través de un acuerdo contractual.

7. El Psicoanálisis fue creado por Sigmund Freud a finales del siglo XIX. Es una teoría psicológica, una técnica de tratamiento y un método de investigación que trabaja con el inconsciente para tratar de comprender los comportamientos, sentimientos y pensamientos que condicionan la vida de una persona. *Cfr.* http://www.enciclopediasalud.com/definiciones/psicoanalisis

la adaptación de los seres vivos lo llevó a realizar sus posteriores estudios e investigaciones en el área de la Psicología. Posteriormente se centra en iniciar la tarea de elaboración de una epistemología[8] de carácter biológico. Piaget realizó varias de sus investigaciones, basadas en la observación de niños y niñas, en las universidades de Neuchâtel y Ginebra, en el Centro de Epistemología Genética.

En este marco Jean Piaget se propone fundamentar la concepción del desarrollo moral entendido como el avance cognitivo y emocional que permite al sujeto construir su personalidad moral. Intenta revelar que la educación moral es un proceso mediado por el desarrollo de la inteligencia, a través de las interacciones y experiencias que proporcionan los contextos sociales. Por tanto se dimensionará la influencia de la escuela y la familia como vehículos socializadores en el desarrollo del juicio moral de los niños, niñas y adolescentes.

Piaget en los estudios que realizó no intenta estudiar la moralidad en sí sino cómo evoluciona la moralidad en el individuo. Se percató de que, a medida que el sujeto se desarrolla, existe un respeto inteligente e informado por las normas que están condicionadas por las relaciones sociales. Estas normas presentan dos formas básicas: la heteronomía caracterizada por la subordinación del niño a la supremacía adulta, y la autonomía muestra un lento cambio hasta que la relación es recíproca. Esto fue descubierto por el autor a partir del estudio de los juegos de los niños que es la génesis del criterio moral.

Además, el psicólogo suizo plantea que existen tres factores que influyen sobre el desarrollo moral: primero, el desarrollo de la inteligencia; segundo, la relaciones entre iguales; y tercero, la progresiva independencia de la coacción de la normas de los adultos. El primero, es el factor más importante, ya que permite actuar a los otros dos.

Piaget intenta describir en su teoría el funcionamiento interno de nuestras estructuras psíquicas y no se contenta con explicar el aprendizaje únicamente a partir de la influencia exterior. Para ello elaboró una teoría del funcionamiento de la inteligencia donde indica la existencia de fases o estadios en el desarrollo de la misma. Estos estadios dependerían, por una parte, de la maduración biológica del individuo y, por otra, de la influencia del medio social que proveería de las experiencias adecuadas para aprovechar esta maduración.

---

8. La Epistemología es una disciplina filosófica que estudia reflexiva y metódicamente el conocimiento científico, su organización, su desarrollo, su funcionamiento y sus productos intelectuales.

Emociones y afectividad en el período sensorio-motriz

El período que va del nacimiento a la adquisición del lenguaje está marcado por un desarrollo mental extraordinario, aunque hasta los dos años no podemos hablar de moral. En este primer período, *sensorio-motriz*, en lo que respecta a las emociones, y a la afectividad se caracteriza por la aparición de los primeros miedos, y luego una serie de sentimientos elementales perceptivos o la afectividad relacionada con las modalidades de la actividad propia, lo agradable y lo desagradable, el placer y el dolor. También surgen los primeros sentimientos de éxito y fracaso, la alegría y la tristeza, todos ligados únicamente a las acciones del sujeto, a la objetivación de las cosas y las personas. Igualmente, su nivel de afectividad denota una especie de egocentrismo general y crea la ilusión. Cuando hablamos de la objetivación en los niños y niñas acordamos con Piaget cuando sostiene que:

> La "elección" (afectiva) del objeto que el psicoanálisis opone al narcisismo es pues correlativa con respecto a la construcción intelectual del objeto, al igual que lo era el narcisismo con respecto a la indiferenciación entre el mundo exterior y el yo. Esta "elección del objeto" recae, primero, en la persona de la madre, luego (en lo negativo como en lo positivo) en la del padre y los demás seres próximos: este es el principio de las simpatías y las antipatías que habrán de tener un amplio desarrollo en el transcurso del período siguiente (1981: 30-31).

Emociones, afectividad, juego y moral en la primera infancia

Durante la primera infancia, de los dos a los siete años, con la aparición del lenguaje, la conducta resulta absolutamente modificada, tanto en el aspecto intelectual como en el afectivo. De este modo son tres las modificaciones generales que aparecen en la conducta: la socialización de la acción, que permite un intercambio y comunicación continua entre los individuos; la interiorización de la palabra, es decir, la aparición del pensamiento propiamente dicho; y por último, y sobre todo, una interiorización de la acción. En este sentido aparecen una serie de transformaciones paralelas ligadas a sentimientos interindividuales tales como: simpatías, antipatías, respeto, entre otros.

Durante esta etapa Piaget desarrolla el *período de preparación y organización de las operaciones concretas* y, dentro de éste, más específicamente, *el sub-período representativo pre-operatorio* que abarca aproximadamente de los dos a los siete años. En su segundo estadio el pensamiento es intuitivo está teñido de egocentrismo puro y éste se presenta en esa especie de juego, que el autor llama *juego simbólico o juego de imaginación y de imitación*[9]. Cabe destacar que este tipo de juego es esencial en la vida de los niños y las niñas que viven en un mundo de adultos al que deben acomodarse a través de una serie de adaptaciones. Piaget plantea la importancia del juego que permite que estos niños transformen lo real en función de sus esquemas de asimilación[10]. La función del juego consiste en satisfacer real y/o a merced de una transformación de lo real en función de sus deseos: el niño o la niña juega y rehace su propia vida a su manera, revive todos los placeres o todos sus conflictos, resolviéndolos pero, sobre todo, compensa y completa la realidad mediante la ficción. En definitiva, el juego simbólico representa una asimilación deformadora de lo real al yo.

Entre los valores individuales así constituidos hay algunos que merecen destacarse. Son precisamente los que el niño o la niña reserva para aquellos que juzga superiores a él, tales como ciertas personas mayores y los padres. Un sentimiento particular que corresponde a esas valoraciones unilaterales es el respeto, un compuesto de afecto y de temor, que es el origen de los primeros sentimientos morales.

La primera moral en la infancia es la de obediencia y el primer criterio es el del bien que, durante mucho tiempo, recae sobre la voluntad de los padres. Los valores morales así constituidos son valores normativos

---

9. El niño o la niña que juega en lo simbólico rehace su propia vida. Se da una transformación, por parte del sujeto, del medio en función de sus estructuras de comportamiento previas. El sujeto asimila lo real a sus estructuras. La noción Piagetiana de acomodación no explica, por sí sola, la evolución de la inteligencia. Por acomodación entiende Piaget a toda modificación de los esquemas de asimilación por influencia del medio (de lo real) sobre el cual se aplican. Al decir acomodación, entonces Piaget quiere decir, acomodación de los esquemas de asimilación. La noción de adaptación, concebida dentro de un marco biológico general, supone un intercambio constante.

10. Nos sustentamos en los conceptos que aparecen definidos en *Cuadernillo del Instituto de Psicología Aplicada, Psicología Genética*. Buenos Aires. "La noción de asimilación consiste en la transformación por parte del sujeto del medio, de la realidad externa en función de sus estructuras de comportamientos previos entre el organismo y el medio para lograr el equilibrio de las estructuras cognitivas. Por último, la noción de equilibrio que Piaget formula no solo da cuenta de la permanencia de un estado sino del desencadenamiento de un cambio, de la transformación de un estado en otro" (p. 9).

en el sentido de que no están ya determinados por simples regulaciones espontáneas, a la manera de las simpatías o antipatías, sino que, gracias al respeto, emanan de reglas propiamente dichas. A partir de la primera infancia los sentimientos interindividuales son susceptibles de alcanzar el nivel de lo que más adelante se llamará operaciones afectivas, es decir, sistema de valores morales que se implican racionalmente unos con otros como es el caso de una conciencia moral autónoma.

Piaget concluye que esta moral de la primera infancia así caracterizada es heterónoma ya que sigue dependiendo de una voluntad exterior que es la de las personas respetadas, los padres, maestros y otros adultos.

Emociones, afectividad y moral en la segunda infancia

Entre los siete y los once o doce años aproximadamente se desarrolla la moral en la segunda infancia. A los siete años, edad que coincide con el principio de la escuela primaria, marca un momento decisivo, tanto en el desarrollo mental como en el psíquico, dando lugar a uno de los períodos más complejos de la vida afectiva, de relaciones sociales o de actividad propiamente individual. Al liberarse de su egocentrismo social e intelectual el niño o la niña inicia la construcción de la lógica, que es el sistema de relaciones que permite la coordinación de los puntos de vista entre sí correspondientes a sujetos distintos y a percepciones o intuiciones sucesivas del mismo sujeto. De esta manera se alcanza un principio de reflexión ya que se piensa antes de actuar.

En cuanto al comportamiento colectivo de los niños y niñas se observa después de los siete años un cambio notable en las actitudes sociales que se manifiestan, por ejemplo, en los juegos con reglamento. Este tipo de actividad le permite comenzar a respetar normas y reglas variadas.

En lo que respecta a la afectividad de la segunda infancia, el niño o la niña sufre transformaciones profundas, caracterizadas por la organización de la voluntad que desemboca en una mejor integración del yo y en una regulación más eficaz de la vida afectiva. Aparece el respeto mutuo, la honradez, la justicia, entre otros valores morales. La organización de éstos supone una lógica de valores o de acciones entre sujetos. La honradez, el sentido de la justicia y la reciprocidad en general constituyen un sistema racional de valores personales. De esta manera la voluntad aparece cuando hay conflictos de tendencias o de intenciones que oscilan entre un placer tentador y un deber.

2.2.2. *El desarrollo moral de acuerdo con la teoría psicoanalítica freudiana*

Sigmund Freud nació en 1856 en la ciudad de Frieberg (Moravia) y perteneció a una familia humilde judía. En 1859 la familia de Freud se trasladó a Viena donde vivió casi toda su vida. Al final de sus días, fue obligado a trasladarse a Inglaterra por la toma del partido nazi y el antisemitismo consecuente. Se recibió de médico a los veinticinco años y se dedicó a la investigación del sistema nervioso. Freud aplicó la hipnosis como método de cura para las enfermedades nerviosas. Falleció en Londres en 1939.

Convencido de que la naturaleza humana estaba guiada por poderosos impulsos destructivos, Freud pensaba que la sociedad solo puede sobrevivir defendiéndose de ellos y protegiendo a las personas de la acción agresiva de otros miembros. Esa oposición entre los intereses egoístas y antisociales del individuo y los de la sociedad por preservarse es un elemento clave del pensamiento freudiano y de su concepción moral.

Freud consideraba que los niños y las niñas en sus primeros años son seres fundamentalmente amorales porque están dominados por el Ello, desde que nacen hasta los primeros años. En esta etapa el comportamiento se orienta hacia la satisfacción de sus deseos, pulsiones e instintos. El Ello, la instancia psíquica más primitiva, dominada por el principio del placer, siempre busca la satisfacción de los deseos y la evitación del dolor. Por este motivo, las conductas no se ajustan a ninguna regla acerca de lo que es correcto e incorrecto.

De acuerdo con la teoría psicoanalítica el niño o la niña no tiene ningún control sobre sus impulsos y son los padres quienes deben ejercerlo, limitando las conductas negativas y promoviendo las positivas.

Sigmund Freud plantea que a partir de los dos años el Yo se va conformando y aparecen los primeros indicios de moralidad. El niño o la niña actúan motivados por lo que les agrada o desagrada. Si una cosa, situación o persona les agrada, actúan con afecto y aceptación en función de quienes los quieren, porque además los necesitan y temen perderlos. Si no les agrada, actúan con cierto rechazo.

Además el niño o la niña empiezan a discriminar entre el bien y el mal y surge el sentimiento de culpa. Así, evitan portarse mal porque temen que sus afectos dejen de quererlos. Se trata de una moral heterónoma o conjunto de reglas externas que son impuestas al niño o a la niña y en función de las cuales se comportan. Es decir, esta coerción dará paso a una progresiva internalización de las normas, a una entidad interna al propio niño o niña que los *vigile*. Es lo que Freud denominó Superyó, y explicó su surgimiento a partir de los intensos conflictos que se producen entre los impulsos sexuales y agresivos del niño o la niña, por un lado, y las crecientes exigencias del medio social, por otro. Freud destacó la importancia de la resolución del llamado conflicto de Edipo para el desarrollo de la conciencia.

Esta estructuración del Superyó, como heredero del Complejo de Edipo, supone la existencia de una conciencia moral propiamente dicha. El niño o la niña interioriza las normas de los padres, las hace suyas y en función de ellas enjuicia sus pensamientos, deseos, acciones y comportamientos. Ahora su sentimiento de culpabilidad es causado por el miedo ante la autoridad externa o por su propia conciencia moral. Por lo tanto, la auténtica maduración de la conciencia moral se conseguiría con un funcionamiento moral autónomo en el que ya no necesitarían el código valorativo de los padres, ni su aprobación, ni su afecto para actuar con moralidad.

3. ¿Todos somos morales? Inteligencia y libertad en el ámbito moral

En cuanto a si todas las personas somos morales podemos decir que sí, a no ser que se trate de un caso de demencia o perturbación mental grave o de niños/as que aún no hayan alcanzado el pleno desarrollo de su conciencia moral. Las demás personas tenemos moral por el sólo hecho de poder distinguir lo que está bien de lo que está mal. Y no sólo distinguir sino también comparar y fundamentar porqué un acto puede ser bueno o malo.

La facultad racional es la que nos permite descubrir el fenómeno de la moral. Más específicamente, es la inteligencia la que advierte lo adecuado o inadecuado de una acción. Por ende, nos caemos fuera del ámbito de la moral cuando no hay conocimiento de medios y fines para llevar a cabo un acto. De esta manera quedan exentos de moral, los minerales, las cosas, los animales, las plantas y cualquier persona que no esté en su "sano o equilibrado juicio".

Por ello, en la respuesta hipotética del señor K, con la que comenzamos este apartado, esos pececillos deben poder subsumir las bajas pasiones al imperio de la inteligencia. Ella será capaz de desechar cualquier inclinación materialista, egoísta o marxista. Pero la inteligencia, es decir, el conocimiento solo del acto que se ejecuta no basta para hablar de moral. Debe intervenir la voluntad libre. La libertad sumada a la inteligencia nos permitirá hablar de actos morales.

La libertad es ejercida por la voluntad de obrar o de no obrar, de elegir o no elegir. La voluntad es aquella facultad que nos impulsa a actuar. La inteligencia, como ya afirmamos, es la facultad que nos impulsa a pensar. La razón puede intervenir en ambos ejercicios al momento en que se realiza un acto moral. De esta manera, las acciones morales voluntarias son aquellas que tienen carácter intencional. Además, hay un agente que la lleva a cabo con pleno conocimiento de lo que se está realizando, habiendo deliberado y elegido el fin que se ha propuesto y los medios correspondientes para su ejecución. En esa deliberación y elección es donde se entromete la libertad moral. Podemos esclarecer la cuestión con el siguiente ejemplo: tener hambre es una necesidad fisiológica que cualquier persona posee. Ahora bien, una tarde cualquiera, tenemos mucha hambre porque acabamos de jugar nuestro deporte favorito. Abrimos la heladera y sólo encontramos una torta de chocolate hecha por mamá. En tanto agentes morales nuestra voluntad es la que nos impulsa a agarrar la torta. Nuestra libertad nos permite elegir qué hacer. Es allí donde se ponen en juego y hasta en contradicción nuestra inteligencia y nuestros instintos: la primera (representada popularmente por el angelito) nos aconseja que comamos solo una porción porque pronto llegarán a casa nuestros cinco hermanos, tan cansados y hambrientos como lo estamos nosotros; los segundos (representados popularmente por el diablito) nos impulsarán a comernos gran parte de la torta, sin importar que existan otros posibles comensales que tengan las mismas necesidades. Nuestra libertad debe optar entre estas dos opciones, siempre atenta a que pueden aparecer otras o bien a que los resultados no sean los esperados.

El concepto de libertad es sumamente complejo de abordar en tanto, a lo largo de la historia de la filosofía, de la política, de la literatura o del derecho ha sido entendido y utilizado de muy diversas maneras dependiendo de los diversos contextos. No es fácil esbozar un concepto de libertad que nos permita al menos comprender qué función cumple en el desarrollo de cualquier accionar moral. La libertad puede entenderse filosóficamente –a lo largo de la historia– de diversas maneras: como posibilidad de autodeterminación; como posibilidad de elección; como acto voluntario; como espontaneidad; como margen de indeterminación; como ausencia de interferencia; como liberación frente a algo; como liberación para algo; como realización de una necesidad (Ferrater Mora, 2004: 2135-2136). El denominador común a todas estas acepciones podría ser la ausencia de sometimiento, de coerción o de coacción en el momento en el que la voluntad actúa.

La inteligencia debe determinar el fin y los medios del acto moral y la voluntad, mediada por la libertad, elige o no dirigirse a ese fin a través de esos medios, sin determinación alguna, más allá de la razón. Continuando con el ejemplo anterior, la inteligencia piensa antes de cortar la torta, acción que es llevada a cabo por la voluntad. La inteligencia es la que invita a la libertad a decidir acerca del corte de una sola porción para que nuestros hermanos puedan saciar su hambre una vez que regresan a casa.

Resumiendo, sólo las personas son capaces de ejercer actos morales voluntarios. Dentro del concepto persona incluimos a todos los seres individuales que gozan de inteligencia y de voluntad, ambas influenciadas por la razón y la libertad. Si los pececillos necesitaran de formación moral es porque, hipotéticamente, cuentan con todas estas facultades.

Ahora bien, la puesta en escena de todo acto moral implica que en tanto agentes nos hagamos cargo de las consecuencias del mismo. Volvernos responsables se halla implícito al instante mismo de la puesta en escena. Y la culpa, prima cercana/lejana de la responsabilidad, también tiene protagonismo en este momento, pero esta intervención no responde a un vínculo necesario. No obstante debemos aclarar que la culpa tiene un arraigo religioso (judeocristiano) en tanto la responsabilidad un arraigo jurídico. Mientras que la culpa nos recuerda el sentimiento propio de un pecador, la responsabilidad surte efecto mientras haya una ley que respetar. Si transgredimos la ley y nos responsabilizamos por ello, debemos cumplir una pena o una sanción para enmendar nuestros actos. Si bien estos conceptos parecieran hermanarse en el discurso cotidiano puesto que la búsqueda de un culpable para tal delito es sinónimo de la búsqueda de un responsable o un causante del mismo, la culpa no necesariamente sigue a la responsabilidad o, viceversa, la responsabilidad no necesariamente deviene de la culpa. Cualquiera puede asumir cierta responsabilidad sin sentirse culpable, tal como podría hacer un psicópata con el fin de que el jurado le reduzca la sentencia, y, a la inversa, puede existir aquella persona que arrastre cierto sentimiento de culpabilidad sin considerarse responsable por la causa de tal acto moral, tal como podría suceder en el marco de la separación de una pareja donde una de las dos partes se siente culpable por la angustia de la otra parte, pero no por ello responsable.

Para ir concluyendo este apartado, podemos expresar que recorrimos varios conceptos necesarios a la hora de reflexionar acerca del fenómeno de la moral. Inteligencia, razón, voluntad, libertad, responsabilidad y culpa nos posibilitan pensar los actos morales a partir de factores que muchas veces se nos escapan al emitir opiniones prematuras sobre tales o cuales situaciones de la vida cotidiana.

4. Algunas éticas para clasificar. Algunas preguntas que las acompañan

La historia de la ética es la historia de distintas doctrinas o teorías éticas que han tratado de analizar y de comprender la acción moral de las personas. Los intentos de clasificación de estas doctrinas sirven para ordenar el pensamiento filosófico referido a los fenómenos morales. Si bien existen varias clasificaciones según el criterio utilizado por diversos autores, en este apartado nos referiremos a la clasificación que toma en cuenta la fundamentación de las doctrinas. Es necesario aclarar que estas doctrinas si bien fueron presentadas y argumentadas en diferentes épocas, ya que no existe filosofía sin una historia por detrás, ello no implica que sean superadas por otras, sino que pueden resurgir en otros contextos y con nuevas argumentaciones. La mayoría de estas concepciones han intentado dar respuestas universalmente válidas a problemáticas éticas tales como: ¿siempre las acciones son buenas o dependen del contexto?, ¿cómo se pueden anticipar las consecuencias de un acto moral?, ¿cuánto incide la intención a la hora de realizar una elección moral?, ¿cómo se puede actuar moralmente bien sin sacrificar los propios intereses?, ¿cómo puede tornarse universal una acción moralmente buena de una persona?, ¿hasta qué punto las demás personas determinan nuestras elecciones?

Volviendo a la clasificación de las doctrinas éticas según su fundamento, podemos hablar de éticas teleológicas o de éticas deontológicas. Las primeras se fundamentan en un fin (τέλος en griego) en tanto fin

último de la vida práctica que, la mayoría de las veces, se equipara
a la felicidad. Dentro de esta rama podemos agrupar a la ética aris-
totélica, las éticas helenistas, la mayoría de las éticas cristianas y la
ética utilitarista. Las segundas, en cambio, se fundamentan en el deber
(δέοντος en griego). Ya no importa arribar a una vida feliz, lo único
que cuenta es el cumplimiento de las máximas morales que empiezan
por ser de carácter subjetivo hasta tornarse universales. La legitimidad
de la moral se halla en su punto de partida: la voluntad subjetiva. De
este lado de la clasificación colocamos la ética kantiana como máxima
expresión.

Yendo un poco más allá de esta clasificación dicotómica, nos
encontramos con un tipo de ética que surge a mediados del siglo
XX, en el período posguerra, y que pone en el centro de su interés y
reflexión a la alteridad. El yo moderno (ego) pensaba, dominaba, juz-
gaba y medía todo lo que se hallara a su alrededor. Era un yo cerrado
en sí mismo, por el cual debían pasar todos los criterios de selección y
ordenamiento. En cambio, el yo que presentan las éticas de la alteridad
será abierto, ya no preocupado por sí mismo sino atento a lo que el
Otro haga, mire o, más bien, sienta. El pensamiento ya no comenzará
en el yo sino en una nueva figura filosófica: la Otredad. ¿Quién es ese
Otro? Todo aquel que no sea yo, que no encaje en nuestra mismidad y
dentro de todo lo que podemos controlar, pero, sin embargo, nos con-
diciona. Reconocidos exponentes de este tipo de pensamiento fueron
Emmanuel Levinas, Jacques Derrida y Jean-Luc Nancy, entre otros.

A continuación expondremos las argumentaciones que rodean a
estos tres tipos de éticas. En un primer momento hablaremos de la ética
teleológica de Epicuro de Samos. Luego, explicaremos el pensamiento
deontológico de Immanuel Kant. Y, por último, presentaremos los conceptos básicos de las éticas de la alteridad.

4.1. El tetrafármaco de Epicuro

Epicuro nació en Samos en el año 341 a.C. y falleció en Atenas
hacia el 270 a.C. Según los historiadores de la filosofía su pensamiento
se enmarca dentro del período denominado Filosofía Helenística, que
se desarrolla en casi todo el Imperio conquistado por Alejandro Magno
desde el año 323 a.C (muerte de Alejandro Magno) hasta, aproximadamente el 31 a.C (Batalla de Accio entre Marco Antonio y Augusto
y

pone fin al Imperio Ptolemaico). Todas las escuelas que surgen en este período tienen un común denominador: reflexionar éticamente sobre el lugar del ciudadano griego en una Atenas conquistada y subyugada bajo el mando de un Imperio. Todas esas escuelas se aferran a la búsqueda de la felicidad entendida como aquella tranquilidad del alma lograda a partir del dominio de los instintos y las pasiones. Ya no tiene cabida que se piense el accionar en la vida pública, cuando la misma ha sido tomada. Sólo resta pensar en la esfera privada y en cómo vivir de la mejor manera posible.

Epicuro es el máximo exponente de la escuela que llevará su nombre. A él lo conocemos gracias a los fragmentos que nos quedaron de dos libros y tres cartas que habría dirigido a sus discípulos[11]. Sabemos, a su vez, que en el año 306 fundó, en unas tierras alejadas de la polis, el *Jardín* o la escuela mejor conocida como la comunidad de amigos en la que todos buscaban una vida feliz. Cabe destacar que la palabra *todos* incluye no sólo a ciudadanos griegos sino a extranjeros, esclavos y, por primera vez, mujeres.

La vida y el pensamiento de Epicuro están marcados por la enfermedad: un cáncer de intestino convivía con él, tanto en su cuerpo como en sus reflexiones. Epicuro se preguntaba ¿qué es lo que el hombre debe buscar? y ¿qué es lo que debe evitar en la consecución de su bienestar? Resolvió estas cuestiones fijando al placer como el fin último de la vida. Sin embargo aclara que el placer no debe entenderse como burdo sensualismo momentáneo sino como un bien en sí mismo a largo plazo basado en la tranquilidad del alma. Sólo la obtención del placer nos volverá felices. La felicidad se alcanzará mediante la ausencia de perturbación del alma y de dolor en el cuerpo. Para lograr esto Epicuro creó toda una farmacología conceptual ya que estaba convencido de que la filosofía debía tener una implicancia práctica con el único fin de que nos ayude a salvarnos, a liberarnos del padecimiento.

Epicuro equipara el Bien que tanto anhela con el placer y define al placer verdadero, o en términos del autor, *placer catastemático*, como la ausencia de dolor físico y la ausencia de perturbación anímica. No obstante aclara que algo es un verdadero placer y fin de la vida siempre y cuando su disfrute dé como resultado el placer a largo plazo que se

---

11. En esta exposición tomaremos como texto fuente a Laercio, D. (1945) *Vida, opiniones y sentencias de los filósofos más ilustres*. Buenos Aires: Emecé. En el mismo se haya expuesta la carta *Epicuro a Meneceo: gozarse*.

alcanzará sólo a partir del sobrio cálculo racional "que indaga perfectamente las causas de la *elección* y *fuga* de las cosas, y expele las opiniones por quienes ordinariamente la turbación ocupa los ánimos" (Laercio, 1945: 291).

Como bien dijimos la filosofía epicúrea tiene un carácter terapéutico para el alma ya que según las palabras del autor "ni el joven dilate de filosofar, ni el viejo de filosofar se fastidie; pues a nadie es intempestivo ni por muy joven ni por muy anciano el solicitar la salud del ánimo" (Laercio, 1945: 287).

Los temores que atormentan al alma serán tratados por el *tetrafármaco* epicúreo. El alma se halla perturbada por creencias erróneas tales como la maldad de los dioses, el miedo a la muerte, la difícil obtención del Bien y los malos caminos que elegimos para sobrellevar el sufrimiento. Para atacar y revertir estos miedos Epicuro postula su receta. La misma se dirige, en una primera instancia, a los dolores del cuerpo y, luego, a los miedos del alma. De esta manera es importante primero calmar el cuerpo, es decir, que no tenga hambre, ni sed, ni frío, para luego ocuparnos de la tranquilidad del alma.

Según Epicuro les tememos a los dioses y a la muerte porque hacemos juicios falsos acerca de su naturaleza. El miedo a las divinidades es absurdo ya que si son dioses son completamente dichosos, inmortales y no experimentan ningún tipo de estado afectivo porque no necesitan ni desean nada ya que lo tienen todo. A su vez, si los dioses no experimentan estados afectivos no podrían enojarse jamás. Entonces, ¿qué sentido tiene que les temamos a los dioses?

En cuanto a la muerte, Epicuro sostiene que somos conscientes de que es el final de nuestra vida y de todos nuestros proyectos. Esto hace que se resquebraje nuestro afán de inmortalidad. Pero también sabemos que, tanto el bien como el mal, el placer y el dolor radican en la sensación y la muerte es la privación de toda sensación. Por ende no puede ser ni buena ni mala, ni placentera ni dolorosa.

> La muerte, pues, el más horrendo de los males, nada nos pertenece; pues mientras nosotros vivimos, no ha venido ella; y cuando ha venido ella, ya no vivimos nosotros. Así, la muerte ni es contra los vivos ni contra los muertos; pues en aquellos todavía no está, y en éstos ya no está (Laercio, 1945: 288).

El recto conocimiento de que la muerte no es nada para nosotros debería tornar placentero lo mortal de nuestra vida y, a la vez, suprimir el anhelo infundado de inmortalidad. El análisis del temor a la muerte desemboca necesariamente en el reconocimiento de nuestra propia, constitutiva y trágica mortalidad. De esta manera, podemos concluir este apartado expresando que la actitud que Epicuro nos invita a tomar consiste en vivir razonablemente en lugar de desperdiciar el tiempo que tenemos anhelando un tiempo de vida infinito que nunca lograremos alcanzar.

4.2. El imperativo categórico kantiano

Immanuel Kant nació en 1724 en Königsberg y falleció en la misma ciudad de Prusia hacia el año 1804. Podríamos decir que este filósofo irrumpe en la historia de la ética para presentar una nueva forma de pensar la moral, siendo la máxima moral por excelencia, "no hagas a otros lo que no quieres que te hagan a ti", es sumamente kantiana, más allá de que el público en general la sepa o la repita desconociendo sus fundamentos filosóficos.

Conocemos la postura ética de Kant a partir de dos obras de filosofía práctica –pensamiento filosófico abocado a la vida y al accionar cotidiano–: *Fundamentación de la metafísica de las costumbres* (1785) y *Crítica de la Razón Práctica* (1788). Podemos afirmar que el pensamiento moral kantiano es uno de los máximos exponentes de las éticas deontológicas que arriba describimos ya que para él no se deben medir los actos morales por sus resultados o consecuencias sino que debemos valorarlos en sí mismos.

Kant da por supuesta la existencia de una conciencia moral por el sólo hecho de que somos seres racionales, y que esa razón la utilizamos tanto en el ámbito teórico –la razón abocada al pensar– como en el ámbito práctico –la razón abocada al actuar, al elegir–. De tal manera, la conciencia moral es la misma en todas las personas, motivo por el cual puede ser abordada como objeto de estudio de la ética. Es necesario aclarar que Kant nunca utiliza el término alemán *ethik* (ética) sino que habla de la metafísica de las costumbres. Es decir que su esfuerzo va a consistir en realizar un análisis de lo que va más allá de las costumbres, de lo que aprendimos por tradición o por prácticas habituales para tratar de fundamentarlo en la objetividad de la moral.

Kant comienza el análisis afirmando que "ni en el mundo, ni, en general, tampoco fuera del mundo, es posible pensar nada que pueda considerarse como bueno sin restricción, a no ser tan sólo una *buena voluntad*" (2003: 21). Desde el inicio, el pensador alemán se centra en la voluntad del agente moral y no en los resultados de su accionar. La voluntad es lo único bueno en sí mismo, sin condición alguna. Ahora bien, el único móvil de la buena voluntad debería ser el cumplimiento del deber, aunque a veces ese móvil se vea contradicho por el querer. Es así como en las personas, al momento de tomar decisiones, se juega un conflicto entre la racionalidad –el angelito que promueve el deber– y las inclinaciones –el diablito que incita el querer–, y la voluntad queda en el medio.

De esta manera Kant distingue cuatro tipos de actos. Para comprenderlos mejor, postulemos un dilema moral que podría ser resuelto desde los cuatro puntos de vista. Supongamos que una tarde estamos regresando de nuestro trabajo y acontece un accidente grave a pocos metros de nuestra ubicación. Clavamos los frenos, salimos del vehículo y cuando nos acercamos al hecho vemos que una de las personas accidentadas queda atrapada e inconsciente dentro del auto:

a. Actos contrarios al deber: Ni siquiera son tomados en consideración por Kant ya que son moralmente malos. Es decir, que apenas vemos lo acontecido, volvemos a subir al auto y nos vamos.

b. Actos conformes al deber según inclinación mediata: Cuando reconocemos a la persona accidentada, caemos en la cuenta de que es alguien que hace un mes nos pidió dinero para cubrir un préstamo y aún no nos lo ha devuelto. Por tal razón, ayudamos a esa persona para que, a cambio, nos devuelva el dinero. Es una acción correcta y legal pero no plenamente moral.

c. Actos conformes al deber según inclinación inmediata: Cuando reconocemos a la persona accidentada, caemos en la cuenta de que es un antiguo amor de la adolescencia. De esta manera, ayudamos a esa persona porque aún la amamos. Es una acción correcta y legal pero no plenamente moral.

d. Actos realizados por deber: En realidad no reconocemos a la persona accidentada. No es nuestro/a vecino/a, ni nuestro/a amigo/a, ni nuestro/a amor. Simplemente es un total desconocido. Es más, hasta podría llegar a ser nuestro enemigo íntimo. No obstante el deber nos obliga a ayudar a esa persona más allá de cualquier condición. Esta es la única acción moralmente buena.

Así los actos buenos son los que se realizan por deber, por conciencia del deber. Actúa bien quien lo hace por obligación moral, sin tener en cuenta si esa acción le conviene o lo perjudica. Sólo será buena la conducta que se realiza por deber más allá del resultado que se obtenga.

Ahora bien, ya que ingresamos de lleno en el plano del deber, según Kant existen dos posibles respuestas a la pregunta ¿qué debemos hacer? Y esas respuestas serán en forma de imperativos: "La representación de un principio objetivo, en tanto que es constrictivo para una voluntad, llámase mandato (de la razón), y la fórmula del mandato llámase *imperativo*" (Kant, 2003: 36). El filósofo alemán distingue entre los imperativos hipotéticos y los imperativos categóricos. Los primeros nos obligan para que la acción sea buena siempre y cuando haya sido previsto algún propósito. Los imperativos hipotéticos de la habilidad nos dicen qué medios son útiles y necesarios para conseguir tales fines: qué pasos debemos seguir para curarnos de una neumonía, o qué debemos hacer para ahorrar y acumular riquezas. Los imperativos hipotéticos de la sagacidad nos dicen qué medios son útiles y necesarios para ser felices, ya que la felicidad, según Kant, es el único fin "que puede presuponerse real en todos los seres racionales [...] por una necesidad natural" (2003: 38).

Sin embargo, todos los fines precedentes son elegidos por nuestras inclinaciones. En cambio, el segundo imperativo nos obliga sin poner como condición ningún propósito a obtener. Es un principio subjetivo y racional de la acción que determina a la voluntad. "No se refiere a la materia de la acción y a lo que de ésta ha de suceder, sino a la forma y al principio de donde ella sucede, y lo esencialmente bueno de la acción consiste en el ánimo que a ella se lleva, sea el éxito el que fuere" (Kant, 2003: 39). Este imperativo constituye la ley moral por excelencia y puede escribirse bajo la fórmula *debes hacer tal cosa*, por ejemplo: no debemos violar promesas, no debemos mentir, debemos ayudar al prójimo. Esta formulación es el resultado de pensar antes de actuar si lo que estamos a punto de hacer queremos que sea imitado por el resto de la humanidad. En palabras de Kant: *"obra según la máxima que pueda hacerse a sí misma al propio tiempo ley universal"* (2003: 54).

De esta manera la ética kantiana no apunta a valorar los actos morales por los fines que se consiguen, sino por sus intenciones y, sobre todo, por la intención de cumplir con el deber a partir del principio autónomo de la moralidad que es el imperativo categórico. Sólo las personas, en tanto seres racionales y fines en sí mismos, pueden darse voluntariamente la ley moral.

4.3. La otredad: figura filosófica de las nuevas éticas

Hacia mediados del siglo XX el eje temático de la ética cambia o, mejor dicho, pone su acento en la intersubjetividad. La Europa etnocéntrica comienza a prestarle atención a una figura que, a lo largo de la historia, estuvo vedada, olvidada y subyugada: el Otro. Ese Otro nos invita a pensar el modo en que nos relacionamos con nosotros mismos porque cuestiona nuestra identidad desde afuera hacia adentro. El Otro y Yo, Yo y el Otro: ¿un binomio necesario, irreductible pero, a la vez, intercambiable? Sólo podemos pensar a los Otros desde nuestro Yo, y cuando ellos nos piensan, nos volvemos Otros. ¿Quién excede a quién? ¿Quién constituye a quién? Todo lo que no somos nosotros, se vuelve un Otro, que siempre nos excede y, a la vez, nos constituye como tales. A continuación presentamos los pensamientos éticos de tres filósofos que problematizaron la otredad: Levinas, Derrida y Nancy.

El pensador Emmanuel Levinas (Kaunas, 1905 - París, 1996) cuestionó, desde una perspectiva ética, los valores de la filosofía occidental, por constituir un pensamiento totalizador que se preocupa más por la verdad que por el bien. Su principal tema de reflexión versó sobre la ética, entendiendo por ésta última, la relación de responsabilidad infinita hacia los demás. Lo que busca Levinas no es comprender al Otro ya que en su otredad este Otro siempre será un enigma y excede cualquier tipo de análisis que pueda realizarse.

Uno de los conceptos fundantes de la ética levinasiana, expuesto y analizado en su obra *Totalidad e Infinito. Ensayo sobre la exterioridad*, es el concepto de rostro. Ese Otro siempre se nos aparece o se nos revela a partir de su rostro, al cual nos dirigimos con nuestra mirada. La mirada es el mecanismo sensitivo que poseemos para detectar y asimilar los rostros de los Otros. La mirada recorta, sentencia, enjuicia, lastima, controla, acaricia o consuela con solo mirar. El encuentro con el rostro del Otro se hace posible por nuestra mirada, aunque esa posibilidad puede desembocar en el reconocimiento o en la anulación de ese Otro.

Afirma el autor: "El Otro permanece infinitamente trascendente, infinitamente extranjero, pero su rostro, en el que se produce su epifanía y que me llama, rompe con el mundo que puede sernos común y cuyas virtualidades se inscriben en nuestra naturaleza y que desarrollamos también por nuestra existencia" (Levinas, 2002: 208). Ese Otro irrumpe sin que lo preveamos y, casi siempre, nos desestabiliza y nos desespera. La ética se inaugura en el enfrentamiento de rostros. La sola epifanía[12] del rostro del Otro desborda nuestra mismidad, es decir, la seguridad de ser y de sentirnos nosotros mismos, a la vez que implica un llamado a la responsabilidad. Sin embargo, hay que aclarar que esa responsabilidad ética hacia el Otro no pretende que lo aprehendamos, que nos apoderemos de él, sino solamente que lo reconozcamos.

Más adelante Levinas presenta una de sus tesis más complejas de analizar: "el Otro es el único ser al que yo puedo querer matar" (2002: 212). ¿Pero esto por qué? Porque la sola epifanía del rostro del Otro es símbolo de la posibilidad fáctica de dominarlo ya sea física como semióticamente[13]. Esa epifanía se nos presenta como la posibilidad del infinito en nosotros, ante la cual podemos sentir la sensación de destruir totalmente o bien autoimponernos el principio ético *no matarás* (léase como la imposibilidad ética de dicha tentativa a destruir).

Retornando un poco a la idea y la función que Levinas propone de la ética, podemos sintetizar que implica el cuestionamiento de la mismidad (del Yo) a partir de la presencia, la epifanía, la revelación, del Otro. Pero, ahora bien, ¿quiénes son esos otros de los que habla Levinas?, ¿cuáles son las figuras de la Otredad? El autor habla del hambriento, la viuda, el huérfano y el extranjero. Si buscamos un denominador común a estas figuras puede ser la falta o carencia de algo o de alguien. Al hambriento le falta comida; la viuda se quedó sin marido; el huérfano no tiene padres y el extranjero carece de nacionalidad. Esas carencias son las que rompen con nuestra totalidad, con nuestra mismidad y se vuelven fuente de nuestra obligación. "La presencia del rostro –lo infinito del Otro– es indigencia, presencia del tercero (es decir, de toda la humanidad que nos mira) y mandato que manda mandar" (Levinas, 2002: 226).

Pasemos ahora a analizar brevemente algunos conceptos del pensamiento de otro de los filósofos de la alteridad: Jacques Derrida (El-Biar, Argelia, 1930 - París, 2004). La lectura que este autor realiza de la obra levinasiana es fundamental en la construcción de su pensamiento. Afirma en el capítulo Violencia y Metafísica. Ensayo sobre el pensamiento de Emmanuel Levinas, en la obra *La escritura y la diferencia*: "Este pensamiento [el de Levinas] apela a la relación ética –relación no violenta con lo infinito como infinitamente-otro, con el

---

12. Con el término epifanía Levinas quiere significar la revelación inesperada del rostro del Otro.

13. Según Levinas matar al Otro puede implicar quitarle la vida (literalmente) o neutralizar su otredad, es decir, abolir su diferencia (metafóricamente).

otro– que podría, y sólo ella, abrir el espacio de la trascendencia y liberar la metafísica" (Derrida, 1989: 112).

Derrida sostiene que el reconocimiento de nuestra experiencia con los Otros es irreductible a nuestro ego y demuestra la ausencia de lo otro en nosotros, pero a la vez, constitutiva de nuestro propio mundo. El encuentro con lo absolutamente otro no tiene que ver con la representación, la limitación o la conceptualización. "El yo y lo otro no se dejan dominar, no se dejan totalizar por un concepto de relación" (Derrida, 1989: 128). Cualquier intento de comprensión o de aprehensión implica violencia. El Otro siempre será radicalmente otro.

Derrida recupera una idea de Levinas que tiene que ver con la acogida del Otro. Afirma el pensador en una entrevista[14]:

> Desde el momento en que me abro, doy, «acogida» –por retomar el término de Lévinas– a la alteridad del otro, ya estoy en una disposición hospitalaria […] El cierre no es más que una reacción a una primera apertura. Desde este punto de vista, la hospitalidad es primera. Decir que es primera significa que incluso antes de ser yo mismo y quien soy, ipse, es preciso que la irrupción del otro haya instaurado esa relación conmigo mismo (Derrida, 2001).

El hecho de estar frente al Otro implica que somos presa de ese Otro y responsables por su otredad. La hospitalidad es un principio ético que ordena y torna deseable una acogida sin reserva ni cálculo, una exposición sin límite al arribante, al extranjero. "La hospitalidad consiste en hacer todo lo posible para dirigirse al otro, para otorgarle, incluso preguntarle su nombre, evitando que esta pregunta se convierta en una «condición», una inquisición policial, un fichaje o un simple control de fronteras" (Derrida, 1997)[15]. La hospitalidad tiene la forma de apertura

---

14. Entrevista a Jacques Derrida titulada Sobre la hospitalidad, en *Staccato*, programa televisivo de France Culturel producido por Antoine Spire. 19 de diciembre de 1997. Trad. de Cristina de Peretti y Francisco Vidarte. En Derrida, J. (2001: 49-56) *¡Palabra! Instantáneas filosóficas.* Madrid: Trotta. Edición digital de Derrida en castellano: http://redaprenderycambiar.com.ar/derrida/textos/hospitalidad.htm En esa edición la entrevista no cuenta con paginación.

15. Entrevista a Jacques Derrida titulada El principio de hospitalidad realizada por Dominique Dhombres. *Le Monde*, 2 de diciembre de 1997. Trad. de Cristina de Peretti y Paco

sin contacto, de encuentro como separación con la diferencia. "Cara a cara con el otro en una mirada y una palabra que mantienen la distancia e interrumpen todas las totalidades, este estar-juntos como separación precede o desborda la sociedad, la colectividad, la comunidad" (1989: 130). He aquí la paradoja derridiana: la presencia del Otro en la ausencia de contacto, ese encuentro distante, nos constituye y nos abre a la diferencia porque ese Otro deja su huella.

Por último, y para ir concluyendo este apartado, nos referiremos brevemente a la posición del filósofo francés Jean-Luc Nancy (Burdeos, 1940). En un ensayo titulado *El intruso*, Nancy reflexiona sobre la intromisión del extranjero, figura de la que ya hablaron tanto Levinas como Derrida. Cabe aclarar que este texto fue publicado por primera vez en respuesta a la invitación de participar en la revista *Dédale*, en un número cuyo título era *La llegada del extranjero*. En esas palabras Nancy narra todas las sensaciones y experiencias derivadas de su trasplante de corazón, consecuencia de una enfermedad cardíaca degenerativa. Toda la lectura de esas palabras juega con la siguiente paradoja: ¿cuál es el intruso: su propio corazón, ya enfermo y disfuncional, o el corazón trasplantado?

El ensayo comienza así:

> El intruso se introduce a la fuerza, por sorpresa o por engaño, en todo caso sin derecho y sin haber estado previamente admitido. Es necesario que haya intruso en el extraño, sin lo cual éste pierde su extrañeza. Si tiene derecho de entrada y de permanencia, si es esperado y recibido sin que nada suyo quede al margen de la espera y de la acogida, entonces ya no es más el intruso, pero tampoco es el extraño. Tampoco es lógicamente recibible ni éticamente admisible excluir cualquier intrusión en la llegada de un extraño.
>
> Una vez que está allí, si continúa siendo extraño, por mucho tiempo que lo sea, en lugar de "naturalizarse" simplemente, su llegada no acaba: continúa llegando, y su llegada no deja de ser, desde un cierto punto de vista, una intrusión: es decir, no deja de ser una llegada sin derecho y sin familiaridad, sin

Vidarte. Edición digital de Derrida en castellano: http://redaprenderycambiar.com.ar/derrida/textos/hospitalidad_principio.htm. En esa edición la entrevista no cuenta con paginación.

acostumbramiento, al contrario de ser una molestia, un trastorno en la intimidad (Nancy, 1999: 129).

El intruso siempre tiene que mantener su condición de extraño. Una extrañeza que desespera, que irrumpe y que tarda mucho tiempo en naturalizarse porque desestabiliza nuestra intimidad, nuestra esencia y nuestra subjetividad. El propio Nancy se pregunta ¿qué queda de lo propio cuando lo extraño se entromete y, encima, salva la propia vida? (1999: 135). ¿En qué nos convertimos si ya lo propio no funciona y sólo un extranjero puede devolvernos el ser? El pensamiento de Nancy es un pensamiento que retuerce las entrañas ya que desestabiliza los cimientos de la identidad, ya no sabemos qué nos constituye como tales.

Todas estas éticas de la alteridad problematizan una figura filosófica olvidada por la tradición ontológica y metafísica occidental. Quizás no ofrezcan grandes respuestas pero sí invitan a replantearnos los fundamentos del yo, que ya no se basan en la racionalidad sino en el encuentro inesperado y desesperado con los Otros.

Bibliografía

BOERI, M. y BALZARETTI, L. (2002) *Epicuro. Vida. Doctrinas morales. Testimonios*. Rosario: Facultad de Humanidades y Artes UNR.

BRECHT, B. (1987) *Historias de almanaque*. Madrid: Alianza.

BRUNET, G. (2006) *Ética para todos*. México: Edere.

CARPIO, A. (2004) *Principios de filosofía. Una introducción a su problemática*. Buenos Aires: Glauco.

Cuadernillo del Instituto de Psicología Aplicada, Psicología Genética. Buenos Aires.

DERRIDA, J. (1989) *La escritura y la diferencia*. Barcelona: Anthropos.

DERRIDA, J. (2001) *¡Palabra! Instantáneas filosóficas*. Madrid: Trotta.

DE ZAN, J. (2004) *Ética, los derechos y la justicia*. Montevideo: Fundación Konrad.

GARCÍA GUAL, C. (2013) *Epicuro*. Madrid: Alianza.

HÖFFE, O. (1986) *Immanuel Kant*. Barcelona: Herder.

KANT, M. (2003) *Fundamentación de la metafísica de las costumbres*. México: Porrúa.

LAERCIO, D. (1945) *Vida, opiniones y sentencias de los filósofos más ilustres*. Buenos Aires: Emecé.

Levinas, E. (2014) *Alteridad y trascendencia*. Madrid: Arena.

Levinas, E. (2005) *Difícil libertad. Ensayos sobre el judaísmo*. Buenos Aires: Lilmod.

Levinas, E. (2002) *Totalidad e Infinito. Ensayo sobre la exterioridad*. Salamanca: Ediciones Sígueme.

MacIntyre, A. (1981) *Historia de la ética*. Buenos Aires: Paidós.

Maliandi, R. (2004) *Ética: conceptos y problemas*. Buenos Aires: Biblos.

Nancy, J. L. (1999) El intruso. *Dédale*, N° 9-10, Paris: Maisoneuve y Larose.

Nietzsche, F. (2002) *La genealogía de la moral*. Barcelona: RBA Coleccionables.

Piaget, J. (1981) *Seis estudios de psicología*. Barcelona: Seix Barral.

Tallaferro, A. (1995) *Curso básico de psicoanálisis*. México: Paidós.

Capítulo 2

Un poco de política:
hacia un concepto de ciudadanía

"Toda acción política está encaminada
a la conservación o al cambio. Cuando deseamos
conservar tratamos de evitar el cambio, cuando deseamos cambiar,
tratamos de actualizar algo mejor"
(STRAUSS, 1970: 11).

1. El espacio público en el debate político

Mientras que en el capítulo anterior hemos abordado las problemáticas morales de las que se ocupa la Ética cuando se entromete en el análisis de la vida privada de las personas, ahora nos convoca el desempeño de ciudadanos y ciudadanas en el espacio público.

Es innegable el vínculo conceptual que existe entre la Ética y la Política. Ambas disciplinas se ocupan de la praxis humana pero sus objetos de estudio no son intercambiables. En tanto la primera queda resguardada al ámbito privado, a los aspectos personales y a los conflictos morales que juegan sus fichas entre conceptos tan problemáticos como el bien, el deber, la felicidad y la voluntad; la segunda se ocupa más bien de la acción humana en el ámbito público. Ya no se trata de lo que hace cada persona en su hogar sino que lo que importa es su actividad por fuera de las puertas de su casa, en el espacio común. Afirma Hugo Quiroga (2005: 6) en su artículo "Ciudadanía y espacio público": "Lo público es el espacio de la ciudadanía y, a la vez, el espacio público no está fuera de la política. Esto es, la vida política tiene un carácter público, cuyo sujeto, difícil de aprehender, es el público".

El espacio público es el campo donde emerge la ciudadanía. Ahora bien, lo público tiene que ver con lo común, con lo que concierne al interés de un pueblo o de un colectivo, y en ese ámbito los sujetos de acción son los ciudadanos y las ciudadanas. En el espacio común de la *polis* se colocan las cartas sobre la mesa: las cuestiones de interés común, las asociaciones múltiples y la opinión pública. Las mediaciones se dan a través del discurso y de la acción. Diálogos, deliberaciones, debates, acuerdos, desacuerdos, toma de decisiones y puestas en marchas son las partes del todo político.

Hannah Arendt sostiene que el fenómeno de lo político comienza cuando los individuos demarcan libremente su propia existencia como comunidad social. Esta demarcación implica límites espaciales y territoriales para que la praxis política se desarrolle. Afirma Palacios Cruz (2003: 54) en un análisis que realiza del concepto de poder político en Arendt: "La concreción espacial particulariza, esto es, hace real el entorno político y diluye, por otra parte, la ensoñadora imagen del planeta o el cosmos como el hogar abierto e ilimitado de la universal comunidad del género humano". La filósofa postula los siguientes elementos para definir al espacio público: límites territoriales, gobierno, leyes jurídicas y poder político. Ahora bien, siempre debe haber acuerdos voluntarios en torno a estas demarcaciones para que la rueda de lo político comience a girar. En esta sociedad real y concreta de la que habla Arendt se convive con otros ciudadanos y otras ciudadanas.

Como ya se viene notando, hay dos conceptos que aparecieron pero que aún no fueron definidos: la política y lo político. A simple vista parecieran los mismos sustantivos utilizados con dos géneros diferentes. Pero, en realidad, no significan lo mismo y en el apartado que continúa procederemos a distinguidos

2. La política y lo político: entre la ciencia, la filosofía, las ideologías y las opiniones

Centrarnos en una distinción de ambos conceptos implica comenzar a definir las ciencias o las disciplinas que se ocupan de su estudio. Explica Mouffe Chantal en su libro *En torno a lo político*:

[…] hacer una distinción sugiere una diferencia entre dos tipos de aproximación: la ciencia política que trata el campo de lo empírico de 'la política', y la teoría política que pertenece al ámbito de los filósofos, que no se preguntan por los hechos de 'la política' sino por la esencia de 'lo político' (2011: 15).

Por ende la política es el objeto de estudio de la ciencia política y refiere a la actividad práctica y contingente que se despliega en el espacio público. En cambio, lo político se vincula a la esencia, a lo que permanece siempre del mismo modo y que hace que las cosas sucedan de tal manera en ese espacio público.

Como ya hemos visto no es lo mismo la política que la ciencia política, pero, ¿qué sucede con la teoría política, la filosofía política, las ideologías políticas y las opiniones políticas? A continuación definiremos estos abordajes que pueden hacerse de la política para no confundirlos en el lenguaje ordinario. En primer lugar nos ocuparemos del ámbito cotidiano en el que aparecen las opiniones, los conocimientos y las ideologías políticas, para luego ocuparnos del ámbito teórico, es decir, de las ciencias y disciplinas que se ocupan de la política.

Las opiniones políticas tienen que ver con los errores, las suposiciones, las creencias, los prejuicios y las predicciones que cualquier ciudadano o ciudadana puede tener, emitir o escuchar en su vida política. Es muy común que opinemos de la situación política de algún lugar del mundo, de los partidos políticos que se disputan el poder en una elección, de los gobiernos de turno, de alguna ley que está a punto de ser aprobada por el senado o de ciertos conflictos bélicos. Nada ni nadie nos impide opinar sobre cualquier cuestión política pero lo que sí debemos saber es que aún no constituyen conocimientos políticos ya que estos últimos requieren de fundamentaciones racionales. La teoría política es "el estudio comprensivo de la situación política que sirve de base a la construcción de una política en sentido amplio" (Strauss, 1970: 15). La teoría tiene que ver con principios aceptados por la opinión política pública.

Las ideologías políticas se asocian a nociones, comentarios o pensamientos que se puedan tener y se forman a partir de ciertos principios, ideales y doctrinas políticas. A partir de la toma de postura que realicemos de cierta ideología política (si bien existen muchas clasificaciones de ideologías políticas, las clásicas se distinguen en izquierda, centro y derecha, y todas sus variantes) vamos a valorar positiva o negativamente la realidad social en la que vivimos para juzgar, de alguna manera, cómo la vemos y cómo debería ser. Cabe mencionar que muchas veces no coincide la ideología de partido político con las ideologías a nivel personal. Los partidos expresan sus ideologías a través de sus programas políticos, de las posturas que toman en las cámaras de senadores y diputados, y de las decisiones que toman los órganos que mandan. Son ideologías que se expresan necesariamente en la práctica y que muchas veces se amparan en las posturas de los intelectuales. En tanto las ideologías a nivel personal están determinadas por intereses, percepciones, la influencia del grupo y de los medios de comunicación. Es más, muchas veces, a lo largo de la vida política de una persona, sus ideologías pueden ir cambiando.

Ahora retomaremos el concepto de ciencia política que más arriba ya apareció esbozado. La ciencia política designa las investigaciones sobre la política realizadas bajo modelos y métodos tomados de las ciencias empíricas. Norberto Bobbio (2003) distingue a la ciencia política de la filosofía política del siguiente modo: "Mientras la ciencia política tiene una función esencialmente descriptiva o explicativa, la filosofía como teoría de la óptima república desempeña un papel primordialmente prescriptivo: el objeto de la primera es la política tal cual es (la 'verdad efectiva'); el propósito de la segunda es la política como debería ser" (2003: 79). La ciencia política al ser una rama de las ciencias analiza los datos que existen en la realidad social. En cambio la filosofía política al ser una disciplina filosófica práctica proyecta utópicamente hacia un futuro esa realidad social como debería ser. "La filosofía política es un intento de sustituir el nivel de opinión por un nivel de conocimiento de la esencia de lo político" (Strauss, 1970: 13-14).

Después de todo este caudal de información, para finalizar este apartado trataremos de presentar un concepto de política entre tantos que puedan existir. La política implica una forma de acción en el espacio público. Algunos autores evidencian esa acción en la lucha, la tensión y hasta en el campo de batalla, otros en el acuerdo y el consenso. Lo importante es comprender que en la dimensión política se juegan los intereses y las luchas de los ciudadanos y ciudadanas.

3. La construcción de la ciudadanía

El concepto de ciudadanía es otro de los conceptos difíciles de enraizar en alguna definición. La causa se halla en su historicidad. Y si hablamos de historia o historias, hablamos de contextos, de épocas y de pensamientos. Si bien hace muchísimos siglos que existen los ciudadanos y las ciudadanas, no siempre tuvieron los mismos roles en el espacio público.

Podríamos decir que una de las primeras expresiones de la ciudadanía se remonta a las *polis* griegas. Si nos detenemos, por ejemplo, en Atenas, el concepto de ciudadanía se reducía a los hombres mayores de dieciocho años, hijos de padre y madre atenienses. Ellos eran los únicos que podían participar y ejercer el poder político, los únicos que podían intervenir en las asambleas públicas del *ágora*. "Se trataba de una ciudadanía con carácter excluyente, en que un grupo minoritario tenía primacía sobre el resto y le imponía una concepción moral, una religión pública y una legislación común" (Siede, 2013: 25).

En el período helenístico las decisiones ciudadanas se ven subyugadas por el imperio alejandrino. Los temas políticos son de escaso interés y ceden el lugar a las problemáticas morales de la vida privada. "Esto depotenció claramente la preocupación por la virtudes ciudadanas y puso en primer plano la individualidad y la interioridad ética, la idea de felicidad por sobre la de justicia" (Cullen, 2007: 21).

Durante el Imperio Romano reaparece el interés por la política pero teñida de tonalidades jurídicas. El concepto de ciudadanía deja de verse emparentado a la participación activa en los asuntos del espacio público para volverse hacia el ejercicio de un derecho.

En la modernidad el concepto de ciudadanía se contextualiza en las revoluciones burguesas y la constitución de los Estados nacionales. Estos contextos inauguran una nueva relación entre el Estado y los sujetos políticos. El Estado debía asegurar la libertad del sujeto político tanto en el ámbito público como de las puertas del hogar hacia adentro. Esa libertad ya no implica la pertenencia a la *polis* sino que tiene que ver con una independencia, una autonomía de las ataduras de esa *polis*[16]. "Surge la ficción moderna del estado de naturaleza como

---

16. Para ampliar la distinción entre la libertad de los antiguos y la libertad de los modernos, véase Constant, B. (1998) *De la libertad de los antiguos comparada con la de los modernos*. Madrid: Tecnos.

un algo a priori, previo a la constitución del Estado social. [...] Se trata de un trabajo de reconstrucción, que puede servir de legitimación de la organización social y el poder, a partir de la libertad y la igualdad, es decir, la condición de sujetos autónomos" (Cullen, 2007: 26). La autonomía implica la capacidad de actuar de cualquier sujeto independientemente de las inclinaciones, las pasiones, los deseos y los sentimientos, es decir, guiados exclusivamente por los imperativos racionales.

Son de esta época los grandes tratados políticos de la teoría del derecho natural tales como el *De Cive* y el *Leviatán* de Thomas Hobbes, el *Primero* y el *Segundo Ensayo sobre el Gobierno civil* de John Locke, el *Espíritu de las leyes* de Montesquieu, el *Discurso sobre los orígenes y fundamentos de la desigualdad entre los hombres* y el *Contrato Social* de Jean Jacques Rousseau, la *Metafísica de las costumbres* de Kant y la *Filosofía del derecho* de Hegel. También son de esta época expresiones "modernas" del liberalismo, del republicanismo y del absolutismo.

Ya en la época contemporánea, a partir del siglo XIX, fueron apareciendo las instituciones públicas como las escuelas, los hospitales, las cárceles, los asilos psiquiátricos en tanto expresiones de un Estado que comenzaba a ocuparse de la normalización y homogeneización de la sociedad. Se buscaba desde todos estos mecanismos de control que el ciudadano se moralice a partir de la norma, de la ley, de la disciplina o, como diría Foucault, del biopoder[17].

Hacia el siglo XX "las tensiones originales entre ciudadanía como derecho o como responsabilidad, entre individuo y tradición, entre autonomía de la voluntad y solidaridad comunitaria, reaparecen periódicamente en los debates políticos y jurídicos de las democracias occidentales" (Siede, 2013: 28). En la actualidad las concepciones de ciudadanía se van alternando según la influencia que sientan de los medios masivos de comunicación, de la "crisis de valores", de los movimientos migratorios y los nuevos derechos que fueron apareciendo a partir de los avances de las ciencias y la tecnología, del cuidado del ambiente, del desarrollo sustentable que permita una vida digna, de la libertad y responsabilidad digital, de la seguridad informática, entre otros.

---

17. Para más información sobre la concepción foucaultiana del poder véanse las siguientes obras de este autor: Foucault, M. (2014) *Vigilar y castigar*. Buenos Aires: Siglo XXI; (1996) *Microfísica del poder*. Madrid: La Piqueta; (2014) *Historia de la sexualidad. Tomo 1: La voluntad de saber*. Buenos Aires: Siglo XXI.

Podríamos decir que el denominador común a todas estas épocas y a estas concepciones implica comprender el rol de un ciudadano o una ciudadana como quienes pertenecen a una comunidad política y que, en ese marco, gozan de derechos y asumen responsabilidades y obligaciones. Los derechos expresan lo que cada ciudadano/a espera que sea garantizado por la sociedad y el Estado. Las obligaciones tienen que ver con actitudes y tareas que el Estado espera de los ciudadanos y las ciudadanas. Ahora bien, como muchas veces esos derechos son vulnerados o esas obligaciones no se cumplen, la ciudadanía se halla en constante construcción. Deja de ser un concepto abstracto de diccionario para convertirse en una praxis dinámica y constante que pide a gritos una continua reformulación.

Ahora bien, también debemos reconocer que ser titular de derechos, contar con documento nacional de identidad, vivir bajo regímenes democráticos, respetar y acatar las normas jurídicas, ser mayor de dieciocho años y poder votar son condiciones formales de la ciudadanía, pero ellas no garantizan el pleno ejercicio de la misma. ¿Qué sucede con las minorías étnicas, los y las homosexuales, los refugiados, los extranjeros sin documentos, los niños y las niñas, los explotados laboralmente y tanto Otros? ¿Son realmente ciudadanos o solo quedan en los papeles y en las Constituciones? Son solo algunas cuestiones para que continuemos pensando.

4. La función política de la escuela como intervención en el espacio público

En la introducción a este libro ya nos hemos referido a la enseñanza de la formación ética y ciudadana entendiéndola como una responsabilidad y obligación de cualquier escuela de formar sujetos morales y políticos.

Situándonos ahora exclusivamente en la formación política de los y las estudiantes podemos decir que el concepto de ciudadanía en educación no es nada nuevo. Pero como bien hemos visto en el apartado anterior, este concepto se halla en constante construcción y ello provoca que su enseñanza vaya variando según las épocas y los lugares. Alexander Ruíz Silva (2013) sostiene que "una escuela centrada en la formación política de sus actores ha de distinguir al menos dos niveles del desarrollo pedagógico de la ciudadanía: el primero se refiere a la educación cívica o civilidad y el segundo a la educación ciudadana" (2013: 3).

La educación cívica tiene que ver con la enseñanza de la estructura y el funcionamiento de las instituciones sociales y políticas, las características del espacio público, y las responsabilidades civiles. Bajo este nivel se muestra cual es el comportamiento social que se espera de cualquier sujeto de derechos y obligaciones. La ciudadanía simplemente se acata y queda reducida a su mínima expresión, es decir, que basta con que el o la estudiante sea consciente de esos derechos y obligaciones, respete las normas y las leyes, y no discrimine a los otros por considerarlos en sus mismas condiciones. Esta educación no fomenta la crítica, el cuestionamiento ni la problematización. Solo se queda en el plano de la descripción, la caracterización y la explicación centrada en el o la docente.

La educación ciudadana está vinculada a la reflexión, profundización y problematización en torno a los propósitos del ámbito político. Se busca que los y las estudiantes deliberen, debatan y tomen decisiones, es decir, que desarrollen las capacidades necesarias para participar en el espacio público. Es una educación centrada en la práctica que se propone ejercer la ciudadanía de manera defensiva y propositiva:

> Se ejerce defensivamente la ciudadanía cuando, por ejemplo, se participa pacíficamente en la reclamación, demanda o exigencia de derechos amenazados o efectivamente violados ante instituciones legal y legítimamente constituidas –tales como tribunales de justicia–. Se ejerce propositivamente la ciudadanía cuando se participa en acciones pacíficas de reforma política y/o normativa para eliminar injusticias o para ampliar las condiciones de equidad social (Ruiz Silva, 2013: 2).

Entonces es un tipo de enseñanza que busca que los y las estudiantes no se callen, que participen, demanden, exijan y luchen por sus derechos y por los de aquellos Otros que crean que se hallan vulnerados. Afirma Isabelino Siede en el primer capítulo del libro *Ciudadanía para armar* que compiló junto a Gustavo Schujman:

> Es necesario avanzar hacia una educación política que dé cabida a la formación argumentativa, al análisis de los discursos divergentes sobre la realidad social, a la búsqueda de

criterios comunes y de mecanismos de validación de consensos y al reconocimiento de actores diferentes que pujan por intervenir en la actividad pública (2013: 22).

A continuación enunciaremos algunos elementos que pueden orientar, a grandes rasgos, la práctica de cualquier docente para comenzar a construir una educación ciudadana en las aulas[18]:

- Se buscará reflexionar sobre lo dado.
- Se pretenderá intervenir en las prácticas sociales y en las relaciones de poder para que los y las estudiantes tomen posición frente a la realidad y desarrollen su pensamiento autónomo.
- Los conocimientos y los saberes deberán focalizarse en la praxis.
- Las preguntas que podrán romper con lo establecido en busca de lo diferente tendrán que ver con: ¿para qué les sirven estos contenidos a los y las estudiantes?, ¿qué queremos provocar?
- La estructura didáctica se centrará en la problematización y la conceptualización (Siede, 2013: 173). Se partirá de situaciones que den cuenta de prácticas y concepciones de la vida social en las que se evidencien algún tipo de conflicto (existen diversos tipos de recursos que evidencian conflictos: películas, artículos periodísticos, canciones, publicidades, cortometrajes, etc.). Se planteará el conflicto, se discutirá y debatirá a partir de preguntas abiertas. Luego se presentará la información necesaria vinculada a los contenidos del diseño curricular (previamente leídos, analizados y problematizados ya que las prescripciones curriculares no suelen atender a las diferencias) para buscar posibles respuestas al conflicto planteado.
- El posicionamiento docente ante cualquier debate deberá desarrollarse desde una neutralidad activa (Trilla, 1992: 73). Esto implica que se escuchará atentamente y con respeto cada una de las intervenciones de los y las estudiantes, se cuestionarán todas las respuestas y jamás se influirá en la emisión de una opinión ajena. Ello no debe confundirse con la toma de posición que cualquier docente realiza frente a los criterios

---

18. Aquí seguimos a Siede, I. (2013) Hacia una didáctica de la formación ética y política. En Schujman, G. y Siede, I. (comp.) (2013: 227-242) *Ciudadanía para armar. Aportes para la formación ética y política.* Buenos Aires: Aique.

de selección de determinadas propuestas, los recursos a trabajar o los propósitos de las clases.

• Se requerirá de mucha creatividad e intuición.

De esta manera consideramos que la función política de la escuela podrá desarrollarse desde la educación ciudadana para que comencemos a reconocernos un poco entre los Otros.

Bibliografía

Bobbio, N. (2003) *Teoría general de la política*. Madrid: Trotta.

Colom González, F. y Morán, J. (1991) Un debate sobre las categorías filosóficas de la política. *Suplementos Anthropos*. Barcelona: Anthropos.

Cullen, C. (comp.) (2007) *El malestar en la ciudadanía*. Buenos Aires: La Crujía.

Ferrater Mora, J. (2004) *Diccionario de filosofía*. Barcelona: Ariel.

Mouffe, C. (2011) *En torno a lo político*. Buenos Aires: Fondo de Cultura Económico.

Palacios Cruz, V. (2003) El concepto de poder político en Hannah Arendt. *Humanidades*. Año 3. Nº 1. Recuperado de https://dialnet.unirioja.es/servlet/articulo?codigo=2930086

Quiroga, H. (2005) Ciudadanía y espacio público. Debate y perspectivas. *Revista Venezolana de Ciencia Política*. Nº 27. Recuperado de http://www.saber.ula.ve/bitstream/123456789/24861/2/articulo1.pdf

Ruiz Silva, A. (2013) Retos y posibilidades de la formación ciudadana. En *Educación política para la construcción de ciudadanos en ámbitos educativos*. Buenos Aires: Centro REDES. Recuperado de http://cursos2014.centroredes.org.ar/course/view.php?id=84

Schmitt, C. (2002) *El concepto de lo político*. Madrid: Alianza.

Schujman, G. y Siede, I. (comp.) (2013) *Ciudadanía para armar. Aportes para la formación ética y política*. Buenos Aires: Aique.

Siede, I. (2013) *La educación política. Ensayos sobre ética y ciudadanía en la escuela*. Buenos Aires: Paidós.

Strauss, L. (1970) *¿Qué es la filosofía política?* Madrid: Guadarrama.

Trilla, J. (1992) *El profesor y los valores controvertidos. Neutralidad y beligerancia en la educación*. Barcelona-Buenos Aires: Paidós.

Capítulo 3

Una infancia filosófica

"Jugar lo sucedido, narrar (lo) y narrar (se),
repone la palabra, estructura un tiempo y un espacio
con posibilidad de albergar otras alternativas
que representen el abrigo de la cultura
una vez más en movimiento."
(Redondo, recuperado de
http://www.revistalatia.com.ar/archives/1598)

Si bien el concepto de infancia o infancias tiene una multiplicidad de interpretaciones según se lo mire desde la psicología, la sociología o la pedagogía, en este apartado intentaremos deconstruir[19] su armazón socio-cultural desde la filosofía. Uno de los objetivos es comprender las diferencias casi desdibujadas que se establecen entre la niñez y la infancia, aunque a simple vista pareciera que estemos hablando del mismo período vital. Otro de los objetivos es describir los fundamentos, los propósitos y el sentido del *Programa Filosofía para Niños* creado por Matthew Lipman y anclado, adaptado y criticado por algunos teóricos latinoamericanos, teniendo en cuenta ese concepto problemático de infancia. Consideramos que el abordaje de este capítulo es recomendable para cualquier docente que enseñe Formación Ética y Ciudadana en tanto demuestra otra estrategia áulica, otra forma de abrir caminos y una nueva mirada hacia los y las protagonistas de la enseñanza y el aprendizaje.

---

19. La deconstrucción aquí está tomada en el sentido que le otorga Jacques Derrida. En este capítulo se intentará problematizar, criticar, fragmentar y conflictuar el concepto de infancia.

1. La experiencia filosófica de la infancia: un intento de deconstrucción

A simple vista la infancia tiene un parentesco inevitable con la niñez. En el lenguaje cotidiano nos da lo mismo hablar de infantes que hablar de niños o niñas. Lo cierto es que solo a partir de la problematización del concepto *infancia*, salen a la luz las diferencias. No necesariamente tienen que ocupar el mismo tiempo cronológico de las personas. No necesariamente cuando concluye la niñez concluye al mismo tiempo la infancia. Afirma Carlos Skliar (2016) en un artículo titulado "Niñez, infancia y literatura":

> Que la imagen romántica de la niñez haya desaparecido no quiere decir que no haya algo parecido a la infancia entre nosotros, en nosotros: restos, residuos, retazos, jirones; fragmentos que todavía pueden vislumbrarse en algunos niños, en algunos adolescentes, en algunos jóvenes, en algunos adultos o en algunos ancianos: juegos, gestualidad, rebeldías del lenguaje, figuras extrañas del movimiento, acciones sin ninguna utilidad productiva, miradas de transparencia, ritmos, atmósferas y lecturas (2016: 20).

Lo que sucede es que sobre los niños y las niñas se han colocado toda una serie de imposiciones, de imperativos y de supuestos adultos que le han quitado su trasfondo esencial. A los niños y a las niñas hay que explicarles todo porque no entienden; hay que prepararlos/las para el terrible futuro que se les vendrá encima; hay que interrumpirles los juegos porque es la hora del almuerzo; hay que corregir su forma de hablar o de comunicarse con los demás; hay que romperles la ilusión del ratón Pérez, Papá Noel o la liebre de Pascuas. En una palabra: hay que normalizarlos/las. En todas estas situaciones de la vida cotidiana se le quita la esencia a la niñez o, en otras palabras, se la desinfantiliza.

En la infancia se confunde la realidad con la fantasía, no hay identidades precisas, no existe el lenguaje decodificado. Además se cree que las posibilidades son siempre posibles porque la infancia siempre abre y jamás cierra o reprime. Todo se vive con tal intensidad que el tiempo no existe, no dura, porque lo único que interesa es el goce del instante único e irrepetible que no tiene tiempo. No existen los objetivos porque estos son siempre a futuro. Las cosas se hacen y se deshacen porque sí, sin causa, sin racionalidad, solo por pura percepción.

El problema reside en que como identificamos vulgarmente a la niñez con la infancia, creemos que esta última es una utopía y que es imposible retornar a ella porque ya venció ese momento. Afirma Skliar (2016):

> A la niñez se le desprende su infancia y luego pasamos décadas deseando un reencuentro tan improbable como imposible: y es que nuestra animalidad ya se ha perdido en nombre de la civilización seca y bien comportada, nuestra atención ya está definitivamente focalizada en intentar sobrevivir, nuestra soledad es insufrible o impracticable, no sabemos qué hacer con el tiempo libre –ese tiempo liberado del producto y el consumo–, y nuestro lenguaje dejó hace tiempo de ser materno –ventral, fecundo, metafórico– para pasar a ser paterno –riguroso, jurídico– (2016: 21).

La infancia, por su parte, no necesariamente debe identificarse con la niñez. "Los niños son sujetos concretos, la infancia bien podría ser un estado, una condición, una duplicación que realizan los adultos sobre los niños" (Skliar, 2012: 69) Pero es en esa etapa cronológica del desarrollo humano en que se ataca a la infancia. Los niños y las niñas están cargados/as de infancia pero somos los adultos y las adultas quienes interrumpimos ese tiempo sin tiempo. Las interrupciones se dan básicamente mediadas por la proyección a futuro, por la necesidad de respuestas que los adultos y las adultas buscamos. Por ello las interrupciones, según otro artículo de Carlos Skliar (2012), se evidencian en algunas típicas preguntas e intervenciones como: "¿qué vas a hacer cuando seas grande?", "¿qué aprendes con ese juego?", "¿por qué inventas a ese amigo invisible?", "dejá de hablar como los personajes de los dibujitos animados", "¿cuándo vas a comenzar a tomarte las cosas en serio?". Estas frases hechas y arraigadas socio-culturalmente rompen la experiencia de la infancia al intentar darle el sentido, la duración y la realidad que según los "grandes" necesita para completarse.

Más allá de estas interrupciones comunes y cotidianas, Skliar (2012) refiere a otras interrupciones de las infancias como las guerras, el hambre, la pobreza, la desnutrición, el trabajo esclavo, el exilio, la miseria o el abandono. Lo importante es destacar que todas las interrupciones, estas últimas y las anteriores, suceden en todas partes del mundo, principalmente sobre el cuerpo, la atención, la ficción y el lenguaje de los niños y las niñas. Porque de lo que se trata es de domesticar lo que no encaja en nuestros parámetros, "infancia explicada por nuestros saberes, sometida por nuestras prácticas, capturada por nuestras instituciones. [...] *la infancia es lo otro*: lo que siempre, más allá de cualquier intento de captura, inquieta la seguridad de nuestros saberes, cuestiona el poder de nuestras prácticas y abre un vacío en el que se abisma el edificio bien construido de nuestras instituciones de acogida" (Larrosa, 2000: 165-166).

Pensar la infancia como una de las tantas figuras de la otredad[20] implica que los niños y las niñas son tan otros que necesitamos apropiarnos de ellos y ellas desde las interrupciones que realizamos. Son tan diferentes a los seres adultos que los desestabilizan, los desestructuran y hasta los desesperan. Porque la incompletud de la infancia molesta y desespera la fortaleza del imperativo de la adultez.

Lo que nos queda, luego de todo el intento de deconstrucción que hemos realizado, no es pensar la infancia desde un lugar científico como si fuera un objeto de estudio. La infancia no es nada más que una buena opción para que comencemos a vivirla más allá del período etario que estemos atravesando. Dejemos de adjetivarla como una etapa inferior, despectivamente posible o descontrolada. Estemos abiertos o abiertas a encontrarnos con las vivencias de la infancia, "un auténtico cara a cara con el enigma, una verdadera experiencia, un encuentro con lo extraño y lo desconocido que no puede ser reconocido ni apropiado" (Larrosa, 2000: 173).

2. Una filosofía con la infancia: otra manera de llevar la filosofía a las aulas

En realidad hubo un momento en la historia y, sobre todo, en la historia de la filosofía en que se tenía el preconcepto de que la filosofía era cosa de adultos. En base al concepto de infancia que acabamos de deconstruir, nos parece que sería interesante hablar de una filosofía con la infancia, a partir de la cual no sólo niñas y niños problematicen sino

---

20. Véase apartado "La otredad: figura filosófica de las nuevas éticas" en el primer capítulo del presente libro.

cualquier persona que se sienta atravesada por la infancia. Pero antes debemos aclarar la relación entre estas palabras.

Walter Kohan, un reconocido especialista en los terrenos argentino y brasilero del filosofar con niños y con niñas, al comienzo del segundo capítulo de *Infancia y Filosofía* (2009), narra los vaivenes por los que atravesó el título de unas jornadas que se llevaron a cabo en Argentina. Si bien contaba con los dos conceptos iniciales, filosofía y niños, no estaba completamente en lo cierto acerca de cómo fijarlos y relacionarlos. "[…] teníamos, como era habitual, dudas sobre cómo abrir el género de niños; nos preguntábamos si era mejor poner niños (as), o niñas y niños, o 'niñas' o dejábamos el más usual niños; también dudábamos entre el sustantivo filosofía y el infinitivo filosofar, como si eso fuera poco, no sabíamos bien qué preposición poner" (s.p). De esta manera, el autor focaliza en algunas de las trece preposiciones, los pro y los contra de cada una de ellas. En base a estos dichos, decidimos preseleccionar el *con* y el *entre*. La primera tiende a establecer una relación más horizontal, sin distanciamientos de poder. La segunda marca una relación que atraviesa a ambos personajes sin distinguirlos. Según la línea que venimos siguiendo en este libro, lo apropiado sería quedarnos con el título *Una filosofía con la infancia*.

- *Una* entendida como única pero a la vez múltiple oportunidad de mirar (nos), pensar (nos), redescubrir (nos).
- *Filosofía* entendida como experiencia, como actividad vital, como una manera diferente de ver y pensar la realidad.
- *Con* entendido como encuentro entre personajes que buscan algo.
- *La infancia* entendida como una vivencia sin tiempo, sin controles, sin razón.

Recién ahora estamos en condiciones de comenzar a describir un poco esta práctica junto a sus antecedentes históricos. Matthew Lipman fue el creador del *Programa Filosofía para niños* a finales de la década de 1960 en Estados Unidos. Si bien el programa se gestó en las universidades donde el autor trabajaba por aquel entonces, al poco tiempo se expandió por toda América Latina y otras grandes ciudades del mundo. El programa, en general, se presenta como una educación para el pensamiento. Parafraseando a Lipman, Maximiliano López (2008) nos dice: "Lipman enfatizó en sus trabajos más recientes la importancia de la razonabilidad como capacidad al mismo tiempo lógica, ética y política que implica la disposición a ser modificado por el pensamiento del otro, cuando éste presenta la consistencia necesaria, es decir, cuando ofrece buenas razones" (2008: 19).

La apuesta de Lipman tuvo que ver con la confianza en que los niños y las niñas pueden pensar sobre el pensamiento y sobre cuestiones que, a simple vista, parecieran reservadas a la reflexión de los adultos. La creencia popular ha instaurado que temas tales como la verdad, el bien, la belleza, la vida o la muerte son exclusivos de las cátedras, los libros o los congresos de filosofía. Sin embargo, no hay que olvidar que en los primeros años de vida las preguntas por estas cuestiones salen a la luz en las voces de los más pequeños. No se trata en lo más mínimo de presentar de manera canónica las problemáticas filosófico-históricas o histórico-filosóficas sino, más bien, de abordarlas desde la cotidianeidad de niños, niñas y adolescentes.

Una de las intenciones de Lipman fue enseñar filosofía desde las edades tempranas para que niños y niñas se animen a mirar, pensar y criticar la realidad. Los ámbitos elegidos son los espacios escolares. El programa se adapta a los tipos de conocimientos progresivos desde los tres hasta los dieciocho años. De esta manera, el currículum tradicional del programa de Lipman incluye las siguientes lecturas problematizadoras: *Hospital de muñecas* (introductorio, 3 a 4 años), *Elfi* (introductorio, de 5 a 6 años), *Kio y Gus* (filosofía de la naturaleza, de 7 a 8 años), *Nous* (ética, de 8 a 12 años), *Pixi* (filosofía del lenguaje, de 9 a 10 años), *Ari* (lógica, de 11 a 13 años), Lisa (ética de 12 a 18 años), *Suki* (estética, de 12 a 18 años), *Mark* (filosofía política, de 15 a 18 años). Cabe destacar que estas novelas filosóficas tienen como protagonistas a niños, niñas y jóvenes de las mismas edades que los y las estudiantes que las leerán. Además, cada una de ellas viene acompañada por un libro de apoyo para docentes que presenta sugerencias didácticas de abordaje y preguntas problematizadoras.

Ahora bien, nos falta hablar de la metodología para encarar esos recursos que Lipman sugiere. El secreto está en poder instaurar en las aulas lo que Lipman denomina una comunidad de indagación. En las novelas los personajes discuten acerca de situaciones problemáticas con un enfoque filosófico. Estas discusiones serán retomadas por los y las participantes de la comunidad de indagación. La indagación entendida como punto de partida y punto de llegada en tantos momentos en los que niños y niñas se acerquen a su naturaleza práctica, curiosa e investigadora. Comunidad que metaforiza el espacio áulico en el que un conjunto de subjetividades se preguntan, debaten, discuten y critican su ser, su existencia, sus relaciones, los valores morales o las normas sociales. Afirma Limpman en una entrevista (2004): "Es esta metodología, que involucra criticismo mutuo y un cuidadoso proceso de dar voz a opiniones y juicios, que los educadores reconocen como un enfoque educativo que prepara a los niños para convertirse en ciudadanos en una democracia. [...] es un programa que combina el aprendizaje con el entusiasmo, el sentimiento y el pensamiento, la imaginación y la comprensión" (s.p).

Para cerrar con la presentación del *Programa Filosofía para niños* haremos referencia a los objetivos que el autor propone, algunos de los cuales ya fueron apareciendo en la exposición. Lipman plantea que a partir de la puesta en práctica de su programa, niños y niñas pueden forjar un pensamiento crítico y cuidadoso, mejorar la capacidad de argumentación, alimentar la creatividad, reforzar los aspectos emocionales y cognitivos, y familiarizarse con los componentes éticos de la experiencia humana.

Si nos detenemos en la recepción que se hizo del programa de Lipman en América Latina, podemos decir que muchos teóricos de varios países lo han revisado y hasta reestructurado en base a los intereses y las necesidades de las escuelas y sus actores. A continuación expondremos algunas posturas críticas que se han realizado.

En el caso de la Argentina, fueron Gloria Arbonés y Stella Accorinti las primeras encargadas de ajustar el programa de Lipman a la situacionalidad del país. El trabajo incluyó traducciones, adaptaciones y hasta sustituciones de las novelas filosóficas originales[21]. Además, de la mano de ambas teóricas, a mediados de la década de los noventa, se dieron las primeras puestas en práctica del programa *Filosofía para niños* en diversas escuelas. Accorinti (1999) afirma que "FpN apuesta, de un modo fuerte, por la filosofía como programa para lograr un

---

21. Gloria Arbonés y Stella Accorinti fueron las directoras de la colección *Textos de Filosofía para Niños* puesta en marcha desde el *Centro de Investigaciones en el Programa Internacional Filosofía para niños* (CIFiN). La colección incluyó los siguientes títulos: *El cartero simpático* (introductorio, 3 a 5 años), *Rebeca* (introductorio, 5 a 6 años), *Kio y Agus* (filosofía de la naturaleza, 7 a 8 años), *Pixi* (filosofía del lenguaje, 9 a 10 años), *Historias para pensar I* (ética y ciencias sociales, 9 a 13 años), *Historias para pensar II* (varios temas, 9 a 13 años), *Lisa* (ética, 12 a 18 años), *Suki* (estética, 12 a 18 años), *Simon* (ética, 14 a 18 años), *La ciudad dorada* (varios temas, 14 a 18 años).

pensamiento, crítico, creativo, y cuidadoso del otro (*caringthinking*) que pueda ser desarrollado por los niños y jóvenes en el marco de una comunidad de indagación. La comunidad de indagación no es un objeto concluido sino un proceso y es, ante todo, una *experiencia* […]" (1999: 34). Esta experiencia debe incluir algunas conductas como la capacidad de escucha atenta hacia los otros; la construcción del propio pensamiento a partir de las ideas de los demás o la revisión de los propios puntos de vista a la luz de los argumentos de los demás. Cabe destacar que las autoras argentinas fueron unas de las pioneras tanto en la inserción como en la reestructuración del programa de Lipman a nivel latinoamericano.

Continuando con las observaciones que se realizaron al *Programa Filosofía para niños,* una de ellas apunta a las temáticas abordadas en las novelas filosóficas originales ya que no se consideran adecuadas a los espacios y tiempos que se transitan por estos lados. Afirma Julián Macías en un artículo: "la 'novela filosófica', como todo texto, impone una lógica espacio-temporal que es inalterable. Los capítulos y episodios se suceden unos a los otros de un modo fijo y, aunque diversos grupos pueden optar por hacer foco en diferentes partes de éstos, las posibilidades están marcadamente delimitadas" (2015: 107). Según este autor, que en varios momentos sigue la postura de Walter Kohan[22], las novelas filosóficas no permiten que emerja lo nuevo. Asimismo, el autor hace referencia a que la preposición *para* del título del programa implica una desigualdad, una asimetría entre docentes y estudiantes ya que queda claro que es el o la docente quien ayuda a los y las estudiantes a que aprendan algo. La enseñanza está exclusivamente dirigida a quienes están exentos de ella.

Sergio Andrade se suma a estas críticas aduciendo que tanto las novelas filosóficas como los manuales de ayuda para docentes "homogenizan al alumnado y a docentes desconociendo las particularidades culturales propias de cada aula" (2015: 143).

Walter Kohan, uno de los precursores de la reelaboración del programa *Filosofía para niños* en Brasil, sostiene que la intensión de Lipman es formar a esos niños en unos determinados valores

---

22. Walter Kohan y otros autores de Brasil, Argentina y Chile, entre otros países latinoamericanos, se aventuraron en una crítica, discusión y reelaboración de los presupuestos teóricos del *Programa Filosofía para niños* con el principal objetivo de adecuarlos a las realidades sociales y culturales en las que se pondría en práctica.

(los democráticos) y en una racionalidad lógico-argumentativa. Ahora bien, los niños son moldeados desde la lógica de los adultos (docentes) que son quienes manejan el grupo, orientan el debate, imponen las lecturas, sueltan las preguntas, etc. Además Kohan sostiene que para perspectivas como la de Lipman la infancia es tratada como tan "otra" que se ponen todas las fuerzas en intentar formarla. "La infancia ocupa el lugar de otro bastante disminuido, empequeñecido, casi alienado, de aquello que, en última instancia, nos sirve de instrumento y nos permitirá plasmar nuestros sueños e ideales" (Kohan, 2007: 69).

Maximiliano López en su libro *Filosofía con niños y jóvenes* explica que "se trata de colocar nuevos problemas a partir de conceptos diferentes conservando algunos elementos interesantes que, no obstante, se verán necesariamente resignificados" (2008: 20). Uno de los conceptos que este autor plantea es el de "experiencia trágica" para referirse a lo que sucede en la comunidad de indagación: "Las personas se sientan en ronda y charlan; no obstante, no se entiende lo mismo por diálogo. […] Se argumenta, se distinguen conceptos, se ofrecen ejemplos, la verdad continúa siendo un problema central pero, sin embargo, la relación con la verdad se ha transformado" (López, 2008: 24). Esta experiencia trágica busca sustituir al concepto de "experiencia" que introdujo Lipman para tratar de comprender a la comunidad de indagación desde la apertura a lo indeterminado.

En base a todas estas críticas y adaptaciones que hemos descripto nuestra postura será la de tratar de construir una comunidad de indagación –reformulada y renovada– en las aulas de Formación Ética y Ciudadana para abordar sus problemáticas.

3. Hacia la construcción de una comunidad de indagación[23]

A continuación presentaremos algunas sugerencias que pueden tenerse en cuenta a la hora de crear y construir una comunidad de indagación.

    1. El tema/problema de la comunidad de indagación puede surgir de los mismos estudiantes, producto de sus intereses, dudas,

---

[23]. En la segunda propuesta didáctica del presente libro, titulada ¿Quién decide lo que está bien y lo que está mal? se hallan desarrolladas todas las sugerencias teóricas para crear y construir una comunidad de indagación.

necesidades e inquietudes o bien puede ser planteado por el o la docente en el marco de algún saber que se esté abordando en clase.

2. El tema/problema podría girar en torno a las siguientes cuestiones[24] (aclaramos que son sólo invitaciones a pensar, a vivir la experiencia del filosofar): ¿qué es la amistad?, ¿para qué somos libres?, ¿por qué nos hacemos viejos o viejas?, ¿qué es la vergüenza?, ¿por qué tenemos miedo?, ¿es malo diseñar bebés?, ¿de dónde viene la vida?, ¿por qué nos enamoramos?, ¿se podría vivir sin tiempo?, ¿por qué es necesario que nos gobiernen?

3. La planificación de la comunidad de indagación debería darse con cierta anticipación ya que, dependiendo del tema /problema que se elija, se requerirá de más o menos preparación.

4. Una vez elegido el tema/problema la o el docente, que a partir de ahora se convertirá en coordinadora o coordinador de la comunidad de indagación, deberá colmarse de información idónea. Queremos decir que deberá informarse bastante acerca del tema/problema, recurriendo a artículos académicos, publicaciones de revistas científicas, entrevistas a profesionales, libros recomendados, etc. Lo importante en este punto es saber buscar información y no caer en opiniones cotidianas con respecto al tema/problema. Por supuesto que no puede saberse todo, pero es muy importante saber algo como para guiar el debate o corregir en caso de que se expresen opiniones falsas. La idea no es disertar ni exponer oralmente respecto del tema/ problema sino tener algunas nociones teóricas que nos ayuden a manejar el grupo. Además, es interesante saber adecuar la información que se busca porque siempre hay que pensar en el público que tenemos delante.

5. Para trabajar en el Nivel Primario es muy importante buscar un recurso (publicidades, imágenes, cortometrajes, fragmentos de películas, documentales, canciones, cuentos, poesías, obras de arte, etc.) para abrir o cerrar la comunidad de indagación.

---

24. Estas invitaciones a pensar están inspiradas en un listado de preguntas que aparecen en Peñas Cascales, P. (2013) Filosofía para niños. Un estudio para su aplicación didáctica. *El Búho Revista Electrónica de la Asociación Andaluza de Filosofía.* Época II. Nº 11, 20-21. Recuperado de http://elbuho.aafi .es/buho11/fi losofi aninos.pdf

En el caso de que lo utilice para abrir, las primeras preguntas de la comunidad pueden girar en torno al contenido del recurso. En caso de que se lo utilice para cerrar, pueden extraerse conclusiones tanto del recurso como de toda la puesta en marcha de la comunidad.

6. Se pueden anticipar una serie de preguntas detonantes que nos ayuden a la hora de poner en práctica la comunidad de indagación. Esas preguntas pueden servir cuando se establecen silencios –que muchas veces son necesarios– o para dar giros temáticos.

7. Se debe elegir un amuleto que sea el que da el poder de la palabra. Con la palabra amuleto queremos significar un objeto que nos permita hablar y expresar lo que pensamos siempre y cuando lo tengamos en nuestro poder. Puede ser un amuleto temático dependiendo del tema/problema que se aborde en la comunidad de indagación. Teniendo en cuenta la regla del amuleto pueden considerarse algunas sanciones para quienes hablen sin tener el amuleto consigo.

8. Se deben plantear reglas para que la comunidad de indagación se dé en un ámbito de orden, confianza y respeto mutuo. Estas reglas puede exhibirse en algún afiche para que queden a la vista de todos y todas.

9. Se debe prever un clima espacial adecuado para el tema/problema que se trate. La comunidad de indagación puede darse en el aula o fuera de ella (patio, SUM, gimnasio, sala de edición, biblioteca). Se puede utilizar música de fondo y/o imágenes proyectadas. Se pueden preparar las paredes del lugar y predisponer los lugares a ocupar (pueden ser sillas, sillas y bancos, colchonetas).

10. El rol que asumirá el o la docente como coordinador o coordinadora es sumamente importante. Entre sus funciones se hayan las siguientes: habilitar la palabra, añadir algún comentario, recuperar algo que se dijo, ordenar el debate, motivar las intervenciones, no valorar unas opiniones más que otras, propiciar dilemas morales para que puedan presentarse posibles soluciones, solicitar que se respeten las reglas de la comunidad de indagación y extraer conclusiones al finalizar.

11. A la hora de poner en marcha la comunidad de indagación todos los pasos precedentes deberían ser revisados. Por

supuesto que los mismos plantean las cuestiones generales y necesarias para que una comunidad de indagación acontezca. Cualquier ocurrencia del docente o la docente es bienvenida para enriquecer esta estrategia.

A partir de todas estas sugerencias lo único que resta es experimentar la comunidad de indagación porque solo vivenciándola sabremos de qué se trata.

Bibliografía

Accorinti, S. (1999) *Introducción a Filosofía para Niños*. Buenos Aires: Ediciones Manantial.

Andrade, S. (2015) Filosofar con niños. Un proyecto para habitar e inquietar el pensamiento. En Pérez, J., Álvarez, J. y Guerra Araya, C. (edit.). *Hacer filosofía con niños y niñas. Entre educación y filosofía*. Valparaíso: Instituto de Filosofía, Universidad de Valparaíso. Recuperado de http://www.selecciondetextos.cl/wp-content/uploads/2015/06/Vol4-Libro-Filosofia-Ninos-Online1.pdf

Bocaranda-Santos, R. (2009) La Comunidad de Indagación. Forjadora de la Nueva Sociedad. *Revista de Artes y Humanidades UNICA*. Nº 10. Recuperado dehttp://www.redalyc.org/articulo.oa?id=170118863011.

Kohan, W. (2004) *Infancia. Entre educación y filosofía*. Barcelona: Laertes.

Kohan, W. (2007) *Infancia, política y pensamiento. Ensayos de filosofía y educación*. Buenos Aires: Del Estante.

Kohan, W. (2009) *Infancia y filosofía*. México: Progreso.

Larrosa, J. (2000) El enigma de la infancia. En *Estudios sobre lenguaje, subjetividad, formación. Pedagogía Profana*. Buenos Aires: Novedades educativas.

López, M. (2008) *Filosofía con niños y jóvenes: la comunidad de indagación a partir de los conceptos de acontecimiento y experiencia trágica*. Buenos Aires: Centro de publicaciones educativas y material didáctico.

Peñas Cascales, P. (2013) Filosofía para niños. Un estudio para su aplicación didáctica. *El Búho Revista Electrónica de la*

Asociación Andaluza de Filosofía. Época II. N° 11. Recuperado de http://elbuho.aafi.es/buho11/filosofianinos.pdf

PEÑA ESCOTO, J. (2013) *Supuestos teóricos y prácticos de los programas de "Filosofía para niños"*. Madrid: Universidad Complutense de Madrid. Recuperado de http://eprints.ucm.es/22787/.

REGUILLO, M. (trad.). (2004) Filosofía para niños. Entrevista a Matthew Lipman. *Tedium Vitae. Papeles para la supresión de la realidad.* N° 2. Recuperado de http://www.tediumvitae.com/revista/no-2/filosof%C3%AD-para-ni%C3%B1os-entrevista-matthew-lipman

SKLIAR, C. (2007) Infancia y discursos sobre la niñez. Trazos de una relación sin rumbo. *FLACSO/CONICET.*

SKLIAR, C. (2012) La infancia, la niñez, las interrupciones. *Childhood & Philosophy*. Vol. 8. Rio de Janeiro: international council for inquiry with children [icpic].

SKLIAR, C. (2016) Niñez, infancia y literatura. *CONICET/FLACSO. Crítica: Revista de Psicología*. Año 1, N°1. Rosario.

Capítulo 4

Un reencuentro pendiente
entre la sociedad actual y la educación

"Aprender quiere decir ver cómo se tambalean las propias certezas,
sentirse desestabilizado y necesitar, para no perderse o desalentarse,
puntos de referencia estables que solamente puede proporcionar
un profesional de la enseñanza."
(Meirieu, 2006)

Las dificultades que se dan en la sociedad contemporánea, en la vida familiar, la creciente redefinición de los roles en su núcleo, la diversificación de ciertos valores y pautas de socialización, generan nuevas exigencias para la escuela en relación con la formación integral de las personas. La escuela debe garantizar para todos sus estudiantes la adquisición de criterios de análisis capaces de generar alternativas de realización personal, éticamente fundamentadas, para hacer frente tanto a un relativismo moral que cuestiona valores universales como a distintas formas de ideologismos, fundamentalismos e intolerancia. Se trata entonces de adquirir saberes y competencias que le permitan no sólo discernir qué es bueno o qué es malo sino, además, saber por sí mismo por qué es bueno o por qué es malo o qué significa hacer el bien y saber hacerlo.

En este sentido la ética propone alcanzar los saberes, las competencias y las actitudes que posibilitan el desarrollo autónomo e íntegro de la personalidad moral en sus distintos componentes. Los mismos son: la capacidad cognitiva-argumentativa; el autoconocimiento; la autoestima y la capacidad de autorregular las conductas; la capacidad afectiva; la empatía y todo aquello que fundamenta las posibilidades de desarrollar una ética de la responsabilidad, la solidaridad y el reconocimiento de los Otros. De este modo se pretende que la escuela pueda responder a la aspiración que tiene la sociedad de profundizar y consolidar la democracia. Esto implica conocer la democracia en sus elementos constituyentes y en su dinamicidad, las circunstancias que atraviesa, la crisis institucional, los nuevos modelos de participación, pero sobre todo significa, practicarla.

Resulta imposible una formación de ciudadanos democráticos en las escuelas si en las mismas no se practica la democracia tanto en las aulas como en los diversos niveles de gestión y organización. En este sentido la búsqueda de formas de diálogo y deliberación en las que sea posible la comunicación libre y abierta es un componente esencial a la práctica democrática. De allí la importancia de que la escuela brinde a los y las estudiantes la posibilidad de conocer las reglas de una argumentación sólida para practicar el diálogo conforme a dichas reglas. Así se podrán comprender y valorar la conformación de las normas como acuerdos racionales que contemplan los diversos puntos de vista de los participantes y permitan así la resolución pacífica de los conflictos.

1. La escuela en un desafío epocal

Esta realidad epocal interpela a la escuela, que es una institución pensada en una conjunción entre el pasado, el presente y el futuro, con un marcado anclaje en su pasado. Es bien sabido que la transmisión de generación en generación del bagaje cultural, de la versión de la historia, de la valoración de los rasgos identitarios de la nacionalidad, de una cosmovisión del mundo, de las representaciones que los argentinos tenemos de nosotros mismos, de nuestros vecinos, de nuestros derechos, del lugar que ocupamos en el mundo y del que deberíamos ocupar se realiza a través de la escuela, aunque cabe aclarar que su exclusividad está en decadencia. Es desde este lugar que se comprende el presente y se construyen nuevos proyectos para el futuro.

En realidad, a lo que se resiste la escuela es a la necesidad de reconfigurar el pasado, de inventarlo y transmitirlo. Es poder entender la necesidad de una renovada mirada de la formación y educación de nuestros estudiantes para mejorar su presente, su futuro y la sociedad en su conjunto.

Sostenemos que educar no es, simplemente informar, ni cumplir a tiempo con la enseñanza de una cantidad de contenidos. Educar implica mucho más ya que requiere de la atención a las singularidades y nos hace desviar la mirada centralizada en los temas del programa. Mirar al futuro siempre ha resultado una tarea difícil para los educadores ya que exige prácticas prospectivas. De acuerdo con esta línea de análisis, enseñar valores humanos, normas de convivencia social y participación ciudadana, alienta cambios favorables.

La violencia, el egoísmo, la falta de responsabilidad y de respeto, la indiferencia y la vertiginosidad de los tiempos, entre otras manifestaciones sociales, son las conductas que están ingresando sin pedir permiso a las escuelas. Ante estos conflictos, la escuela debe visibilizarlos y buscar estrategias variadas y potentes para analizarlos, problematizarlos y tratar de resignificarlos.

2. Formación ética y ciudadana, un área postergada.
¿Por qué enseñar formación ética y ciudadana en la escuela?

La necesidad de fundamentar la enseñanza del área Formación ética y ciudadana exige el conocimiento de marcos normativos que permitan dar cuenta de las posiciones, de los principios y de las normas en que se sustentan las representaciones cotidianas.

Creemos que la enseñanza de la Formación Ética y Ciudadana está postergada ya que constituye en sí misma un área compleja que articula diversos saberes provenientes de distintas disciplinas: la antropología, la filosofía, la historia, el derecho, las ciencias políticas, entre otras. Esto, tal vez, puede llevar a los y las docentes a sentir cierta resistencia con respecto a su enseñanza. En realidad, no se trata de ser especialista en cada una de estas disciplinas. Se trata, más bien, de estar dispuestos a aceptar el carácter abierto y dinámico de los contenidos del área y a sentir inquietud, necesidad y deseo por conocer las distintas perspectivas y miradas que se ponen en juego. Si el o la estudiante logra comprender el por qué y el para qué de la ética y de la ciudadanía, es decir, el sentido de conocer y comprender la importancia que tiene su saber en nuestra vida individual y colectiva podrá convertirse en un área atractiva y fascinante. A través de la ética y la ciudadanía la vida de cualquier estudiante como ciudadano y como agente moral comenzará a tener un sentido diferente.

Repensar una nueva escuela presupone no solo desarrollar actitudes, hábitos y valores, sino aprender ciertas habilidades para plantear, considerar y resolver problemas morales y políticos, apoyándose en contenidos conceptuales y en la comprensión crítica de los mismos. A partir de la Formación Ética y Ciudadana se trata de aprender las características de la persona en tanto ser individual y social; de saber respetar y valorar a los Otros, al orden constitucional y a la vida democrática para insertarse responsablemente en un mundo complejo de transformaciones y crisis profundas. Por ello es imprescindible además, una consideración transversal que involucre todos los saberes que trabaja la escuela en las distintas áreas del currículum y un compromiso de la institución de proceder éticamente. Educar en el *saber hacer* y en el *saber ser* se traduce en la formación de ciudadanos críticos y responsables.

Hoy ante la creciente pluralidad de realidades que conforman nuestra sociedad, ante la crisis de seguridades y certezas absolutas y ante la convivencia de diferentes modelos de vida, la Formación Ética y Ciudadana tiene motivos suficientes para ser abordada en el currículum escolar. En este contexto es sumamente importante la mirada de la o el docente y de la institución educativa respecto de los Otros en tanto Otros. Debemos reconocer a estos Otros como seres absoluta y necesariamente diferentes, validados no ya como sujetos determinados y por ello perdidos. No puede haber formación política si no estamos dispuestos a escuchar a ese Otro, a tomarlo en cuenta. No puede haber formación en derechos y en obligaciones si existen rótulos o diagnósticos y si no somos capaces de reconocer esa mirada estigmatizadora y de hacer el esfuerzo por modificarla. Los logros surgen del trabajo en equipo, del trabajo interdisciplinario y del trabajo cooperativo.

Bibliografía

BLEICHMAR, S. (2009) Modos de concebir al otro. *El Monitor*. Nº 4. Buenos Aires: Ministerio de Educación de la Nación.

GUGLIELMINO, M. y FERNÁNDEZ, M. (2015) La enseñanza de la Formación Ética y Ciudadana. Una contribución a la producción de sentidos. *VIII Jornadas Nacionales y 1º Congreso Internacional sobre la Formación del Profesorado. "Narración, investigación y reflexión sobre las prácticas"*. Mar del Plata. Recuperado de http://www.mdp.edu.ar/humanidades/pedagogia/jornadas/jprof2015/ponencias/guglielmino.pdf

TENTI FANFANI, E. (2007) *La escuela y la cuestión social. Ensayos de sociología de la educación.* Buenos Aires: Siglo XXI.

TIRAMONTI, G. (2005) La escuela en la encrucijada del cambio epocal. *Cuadernos Cedes*. Nº 92. Campinas: Cedes. Recuperado de http://www.scielo.br/pdf/es/v26n92/v26n92a09.pdf

Capítulo 5

Hacia una contextualización curricular

"Son los profesores quienes, al fin de cuentas,
van a transformar el mundo de la escuela, comprendiéndolo.
Los técnicos, los políticos, los investigadores externos a la escuela
que elaboran los materiales curriculares
son facilitadores, ayudadores posibilitadores del cambio".
(Stenhouse, 1987)

En este capítulo intentaremos dar cuenta de algunos aspectos que permiten aclarar el carácter que se le asigna a las prescripciones curriculares en los diferentes niveles de especificación curricular. Para ello, tomaremos como aporte las leyes y materiales curriculares que nos permiten orientar nuestra planificación de la enseñanza de la Formación Ética y Ciudadana en el Nivel Primario.

Consideramos que las prácticas de la enseñanza no pueden ser prescriptas en su totalidad y, atendiendo al carácter complejo de las mismas, los Diseños Curriculares brindan consideraciones, orientaciones y criterios acerca de cómo se debería planificarse y desarrollar la enseñanza. Estas prescripciones tienden a favorecer la contextualización de las propuestas elaboradas por los y las docentes para lograr experiencias situadas. En este contexto los materiales de desarrollo curricular ocupan un lugar relevante al momento de definir cómo planificar, qué y cómo enseñar. Las instancias de resignificación curricular que se suceden entre los Diseños Curriculares y las prácticas de la enseñanza permiten secuenciar de manera coherente continuidades teóricas y metodológicas. Esta contextualización curricular nos transporta a la escuela y al aula, donde nos encontramos con la necesaria tarea de repensar en la singularidad de los saberes, de las prácticas, de los sujetos y contextos culturales diferentes y desiguales a la vez. ¿Cómo construir y equilibrar esta relación entre prescripción y práctica curricular? De lo que se trata es de decodificar la lógica de fabricación curricular.

> El currículum, según E. Rockwell (1986), cobra vida en la escuela, se materializa en la experiencia cotidiana, la que se encuentra fuertemente surcada por tradiciones institucionales, historias y matrices de formación docente, contextos y tramas de sentido que se tejen en el devenir de las prácticas, y en las expectativas sociales y familiares. Es necesario, en un proceso de desarrollo curricular, que podamos leer estas múltiples rein-terpretaciones del currículum, identificando sentidos y signifi-cados particulares (Alterman, s.f.: 3).

Leyes ministeriales que regulan y orientan el accionar docente y materiales curriculares nacionales y jurisdiccionales

Cualquier docente que dicte clases de Formación Ética y Ciudadana en el Nivel Primario sabe que su tarea está orientada y regulada por las siguientes legislaciones ministeriales a nivel macro curricular y, según sus disposiciones, por una serie de documentos curriculares a nivel nacional y jurisdiccional. A continuación presentaremos y describire-mos las leyes y la documentación que rigen la educación actual.

1. Primer nivel de análisis y especificación curricular: Nivel nacional

1.1. Ley Nacional de Educación N° 26.206

En el año 2006 se sanciona en la Argentina la Ley de Educación Nacional (LEN) N° 26.206[25] que tiene por objeto regular el ejercicio del derecho de enseñar y aprender. Según el artículo tercero "la educa-ción es una prioridad nacional y se constituye en política de Estado para construir una sociedad justa, reafirmar la soberanía e identidad nacio-nal, profundizar el ejercicio de la ciudadanía democrática, respetar los derechos humanos y libertades fundamentales y fortalecer el desarrollo económico-social de la Nación" (Ley Nacional de Educación, 2006: 1).

---

25. Esta ley está recuperada de http://www.me.gov.ar/doc_pdf/ley_de_educ_nac.pdf

En el artículo veintisiete la Ley especifica que la finalidad de la Educación Primaria es la formación integral, básica y común de niños y niñas de todo el país. Entre los objetivos de este nivel se destacan los siguientes:

- Garantizar a todos/as los/as niños/as el acceso a un conjunto de saberes comunes que les permitan participar de manera plena y acorde a su edad en la vida familiar, escolar y comunitaria.
- Ofrecer las condiciones necesarias para un desarrollo integral de la infancia en todas sus dimensiones.
- Desarrollar la iniciativa individual y el trabajo en equipo y hábitos de convivencia solidaria y cooperación.
- Fomentar el desarrollo de la creatividad y la expresión, el placer estético y la comprensión, conocimiento y valoración de las distintas manifestaciones del arte y la cultura.
- Brindar una formación ética que habilite para el ejercicio de una ciudadanía responsable y permita asumir los valores de libertad, paz, solidaridad, igualdad, respeto a la diversidad, justicia, responsabilidad y bien común.
- Promover el juego como actividad necesaria para el desarrollo cognitivo, afectivo, ético, estético, motor y social.
- Promover el conocimiento y los valores que permitan el desarrollo de actitudes de protección y cuidado del patrimonio cultural y el medio ambiente.

Esta Ley, desde el momento de su sanción, se aplica en toda la nación Argentina, respetando los criterios federales y las diversidades regionales y culturales. La Formación Ética y Ciudadana es un espacio propicio para hacer cumplir muchos de los objetivos citados ya que piensa, cuestiona y problematiza el ejercicio ciudadano, los valores, las diversas formas de convivencia entre una gran multiplicidad de temáticas.

1.2. Núcleos de Aprendizajes Prioritarios

Los *Núcleos de Aprendizajes Prioritarios* (NAP)[26] constituyen documentos del Ministerio de Educación, Ciencia y Tecnología de la

---

26. Recuperado de http://www.me.gov.ar/curriform/nap.html

Nación redactados entre los años 2007 y 2011. Los mismos ofrecen situaciones de enseñanza con el objetivo de construir espacios de diálogo con todos los actores en el marco de una política que contemple a la enseñanza como estrategia de desarrollo, jerarquizando la tarea docente y mejorando las condiciones pedagógicas en la que se desarrolla. Los ejes constitutivos de los NAP de Formación Ética y Ciudadana son los siguientes:

En relación con la reflexión ética

La reflexión ética implica ponerse a pensar en las distintas maneras de ver la realidad para problematizarlas y criticarlas. Uno de los principales objetivos de este eje es la construcción de nociones que en un principio parecieran absolutas a partir de la consideración de la diversidad de opiniones y puntos de vista. Además, se busca abordar situaciones conflictivas para determinar sus posibles causas o consecuencias y tratar de comprender que dichas situaciones están atravesadas por el libre accionar de las personas que involucran elecciones, decisiones, responsabilidades, medios y fines.

El análisis y la crítica de la realidad, sobre todo cuando se manifiesta en los discursos emitidos por las Tecnologías de la Información y la Comunicación, lleva a reflexionar de una manera ética sobre los valores vigentes, las concepciones de la felicidad, las relaciones de poder, los contenidos violentos y los estereotipos.

La reflexión ética en torno a situaciones cotidianas de la vida personal, familiar, escolar o social de los y las estudiantes a su vez conlleva al desarrollo de una actividad propiamente racional como es la argumentación al lograr identificar actores, intereses, derechos, valores y principios involucrados y poder emitir juicios sobre ellos. Es fundamental ejercitar el diálogo argumentativo para que actúe como herramienta para la construcción de acuerdos, la resolución de conflictos, la apertura a puntos de vista diversos y la explicitación de desacuerdos. Para fomentar el ejercicio argumentativo el o la docente de Formación Ética y Ciudadana debe ensayar el planteo de temas y problemas éticos mediante la formulación de preguntas y repreguntas, la exposición de razones a favor o en contra y la reelaboración individual y/o colectiva de las diversas posturas.

En relación con la construcción histórica de identidades

El término *identidad* ha sido examinado desde varios puntos de vista a lo largo de la historia de la filosofía y de la psicología. Desde un punto de vista ontológico[27] puede decirse que toda cosa es idéntica a sí misma. Desde un punto de vista lógico[28], el principio de identidad es una de las leyes de la Lógica antigua de términos y afirma que "si p entonces p" o "p es p". Muchos autores afirman que el principio lógico se explica gracias al principio ontológico ya que ambos apelan al carácter de todo aquello que permanecerá único e idéntico a sí mismo, pese a las diversas apariencias o a que pueda ser percibido desde diferentes ángulos. Desde esta perspectiva, la identidad presupone permanencia e invariabilidad a través del tiempo.

Desde el punto de vista psicológico se va a sostener la imposibilidad de pensar la no identidad de un ente consigo mismo. A su vez, la identidad se relaciona con ciertos atributos individuales que responden a tres necesidades, según lo destaca la investigadora María Inés Falcón: "La necesidad que tiene el sujeto de percibirse como una *totalidad*; el requerimiento de que esa totalidad tenga una *continuidad*, esto es, ser 'uno mismo' a través del tiempo; la *exigencia* de que esta unidad sea reconocida por el contexto social, lo que se denomina *mismidad*" (2008: 2).

De esta manera, si nos paramos desde la concepción psicológica podemos asegurar que la identidad de las personas no es algo dado sino que se va construyendo constantemente a partir de estereotipos estéticos, culturales y sociales. A su vez, juegan un rol fundamental las experiencias con los otros tales como familiares, amigos/as, compañeros/as, educadores, etc.

La construcción histórica de identidades hace referencia al conocimiento propio y de los otros a partir de la expresión y la comunicación

---

27. La ontología es una disciplina filosófica que estudia al ser en cuanto ser, es decir, se ocupa de los seres, de sus fundamentos, su esencia y sus principios.

28. La lógica es una disciplina filosófica que tiene por objeto el estudio de las condiciones en las que un razonamiento puede ser considerado válido, mediante la determinación de las reglas de inferencia válidas. Este es un concepto más bien antiguo o tradicional, tomado de los aportes de Aristóteles y el estoicismo. Es de destacar que la lógica actual o contemporánea tuvo su apogeo y posterior desarrollo a partir de los trabajo de Boole y Frege, desde mediados del siglo XIX, cuando la lógica deja de basarse en la clasificación de las proposiciones y se enfoca hacia un lenguaje puramente matemático.

de sentimientos, ideas, valoraciones y la escucha respetuosa. La presentación de relatos biográficos o autobiográficos, en historias de vida o en episodios de la historia, en la realidad o en la ficción, busca reconocer y valorar la diversidad de identidades personales y grupales que coexisten en diferentes contextos sociales, históricos y culturales. De esta manera, se podrán abordar temáticas como las expresiones culturales de los pueblos originarios, los roles y estereotipos de género en el marco de la Educación Sexual Integral (ESI) o las diversas formas de familias. Además, la Formación Ética y Ciudadana ofrece un espacio y un momento propicios para trabajar las otredades históricas y actuales: inmigrantes, pobres, enfermos y enfermas, gay y lesbianas, transexuales y travestis, o cualquier persona que no encaje dentro de los parámetros ideales de belleza[29]. Estos grupos marginados de la sociedad han luchado por el reconocimiento de sus derechos a lo largo de la historia, yendo en contra de los prejuicios, el maltrato y diversas manifestaciones de discriminación. Poder reconocer cualquiera de estas otredades nos abrirá los ojos para mirarnos de otra manera.4º

En relación con la ciudadanía, los derechos y la participación

Mucho hemos dicho ya acerca de la noción de ciudadanía en el apartado correspondiente. Aquí entonces solo recordaremos que la ciudadanía revela el vínculo básico de cualquier persona con el Estado y con la sociedad. Todo ciudadano o toda ciudadana gozan de derechos y obligaciones. Los primeros expresan lo que cada ciudadano/a puede esperar de la sociedad y, a su vez, lo que el Estado se compromete a ofrecerles, garantizarles o permitirles. Las segundas reúnen las actitudes y las tareas que la sociedad y el Estado esperan de cada ciudadano o ciudadana.

Además, cualquier ciudadano o ciudadana puede participar de la vida política del sistema democrático previendo mecanismos de deliberación y participación ciudadana a través de organizaciones sociales, partidos políticos, organizaciones no gubernamentales, centros de

---

29. Es de destacar que a lo largo de la historia de la filosofía se han presentado múltiples conceptos de belleza tales como: lo bello es causa del placer y agrado; lo bello es un atributo inmanente de las cosas; lo bello es una apariencia; lo bello es una realidad absoluta; lo bello se funda en la perfección. Más allá de estas definiciones teóricas, el ideal de belleza que se toma como parámetro en las opiniones de la vida cotidiana va transmutando según los espacios y según los tiempos.

estudiantes, asambleas barriales o cooperativas escolares. Recordemos siempre que la ciudadanía es una construcción permanente y dinámica que atraviesa procesos de transformación a lo largo de todos los tiempos y todos los espacios.

En el marco de los saberes del tercer eje del NAP de Formación Ética y Ciudadana se busca que se reconozcan las características básicas del sistema democrático, tales como la libertad de participación, la libertad de expresión de ideas, el voto universal. Además se pretenden valorar las prácticas democráticas así como el ejercicio del reclamo y otras formas de protesta a la luz de la experiencia democrática.

Los niños y las niñas deben conocer sus derechos y los derechos humanos en general, además de las diversas situaciones donde los mismos no se respetan o no se respetaron. La presentación de situaciones de vulneración de derechos es sumamente importante para que los niños y las niñas conozcan otras realidades y puedan probar resolver conflictos desde otros puntos de vista. Asimismo, resulta interesante mostrar cómo las diversas otredades resignifican los derechos vigentes, los promocionan y defienden.

Como ciudadanos y ciudadanas también, resulta indispensable que los y las estudiantes conozcan las normas sociales, morales y jurídicas para que puedan criticar la noción de norma y la de autoridad como garantes de derecho. En este marco de organización social y política intervienen temas medulares como lo son la Constitución Nacional Argentina y los Tratados Internacionales.

1.3. Programa Nacional de Educación Sexual Integral. Ley 26.150. Lineamientos Curriculares para la Educación Sexual Integral

En el año 2006, en Argentina, se sanciona y promulga la Ley Nacional de Educación Sexual Integral (ESI) N° 26.150[30], el Programa Nacional de Educación Sexual Integral y, posteriormente, la Resolución N° 45/08 del Consejo Federal de Educación que aprobó los *Lineamientos Curriculares para la Educación Sexual Integral*[31]. Desde el año 2010, en la provincia de Santa Fe, se lleva adelante el

---

30. Recuperado de http://www.me.gov.ar/doc_pdf/ley26150.pdf
31. Recuperado de http://www.me.gov.ar/me_prog/esi/doc/lineamientos.pdf

Programa de Formación en Educación Sexual Integral que pretende desarrollar procesos de formación para docentes de todos los niveles y generar espacios de acompañamiento, asesoramiento y socialización de experiencias.

La Ley 26.150 establece que niños, niñas, adolescentes y jóvenes tienen derecho a recibir educación sexual integral en todos los establecimientos educativos públicos, de gestión estatal y privada del país. Este marco legal transforma a la ESI en un contenido nuevo a la vez que obligatorio a abordar en cualquier institución educativa del país. Los *Lineamientos Curriculares de ESI* constituyen un primer nivel de desarrollo curricular en relación con la Educación Sexual Integral. Enuncian propósitos formativos y contenidos básicos para todos los niveles y modalidades del sistema educativo de nuestro país.

Es necesario aclarar que la Educación Sexual Integral debe tener en cuenta, para luego articular, los aspectos biológicos, psicológicos, sociales, afectivos y éticos. Si bien no es objeto de estudio de este libro un análisis exhaustivo de la ESI, creemos conveniente decir que en las instituciones educativas, la Educación Sexual Integral es un espacio sistemático de enseñanza y aprendizaje que comprende contenidos de distintas áreas curriculares, adecuados a las edades de niños y niñas, adolescentes y jóvenes y abordados de manera transversal y/o en espacios específicos. "Asumir la educación sexual desde una perspectiva integral demanda un trabajo dirigido a promover aprendizajes desde el punto de vista cognitivo, pero también en el plano de lo afectivo, y en las prácticas concretas vinculadas a la vida en sociedad" (Marina, 2009: 14).

Teniendo en cuenta los *Lineamientos Curriculares* la ESI debería abordarse de manera transversal en el nivel primario desde las áreas de Ciencias Sociales, Formación Ética y Ciudadana, Ciencias Naturales, Lengua y Literatura, Educación Física y Educación Artística. "Sería recomendable organizar espacios transversales de formación desde la educación inicial y primaria, para luego considerar la apertura en la educación secundaria de espacios específicos, que puedan formar parte de asignaturas ya existentes en el currículo, o de nuevos espacios a incorporar. No debería entenderse que la existencia de un espacio específico implica abandonar la preocupación por el abordaje interdisciplinario de la ESI" (Cimino, Mulcahy, Vergara, 2008: 14). Los *Lineamientos* son un documento fundamental para comenzar a pensar la ESI en las aulas. Por ello es necesario, según indica la *Guía para el desarrollo institucional de la Educación Sexual Integral* (2012: 15), en una primera instancia identificar en ese documento los propósitos formativos más afines al área, año, ciclo y nivel, y revisar los propósitos, objetivos o expectativas de logro de las propias planificaciones. Luego, se deben ubicar los contenidos de ESI afines y revisar si están presentes en el programa o plan anual y en las unidades de trabajo. Por último, hay que realizar las adecuaciones necesarias para enriquecer las planificaciones de aula con el enfoque de ESI, seleccionando y secuenciado los contenidos.

Si nos detenemos exclusivamente en el área Formación Ética y Ciudadana, para el nivel primario, los *Lineamientos* aseguran que esta área aporta aprendizajes de gran relevancia para la Educación Sexual Integral. "Contribuye a la construcción de autonomía en el marco de las normas que regulan los derechos y las responsabilidades para vivir plenamente la sexualidad y también brinda conocimientos sobre los medios y recursos disponibles en la comunidad para la atención de situaciones de vulneración de derechos" (Cimino, Mulcahy, Vergara, 2008: 21).

Para el primer ciclo, los *Lineamientos* (2008: 22) recomiendan que la escuela desarrolle contenidos de la ESI en el marco de la Formación Ética y Ciudadana que tengan en cuenta:

- El conocimiento de sí mismo/a y de los otros/as a partir de la expresión y comunicación de sus sentimientos, ideas, valoraciones y la escucha respetuosa de los otros/as, en espacios de libertad brindados por el o la docente.
- La construcción progresiva de la autonomía en el marco de cuidado y respeto del propio cuerpo y del cuerpo de otros y otras.
- El reconocimiento y la expresión del derecho a ser cuidados y respetados por los adultos de la sociedad.
- El reconocimiento de los aspectos comunes y diversos en las identidades personales, grupales y comunitarias, en el marco de una concepción que enfatice la construcción socio histórica de las mismas, para promover la aceptación de la convivencia en la diversidad.
- La participación en prácticas áulicas, institucionales y/o comunitarias como aproximación a experiencias democráticas y de ejercicio ciudadano que consideren a las personas como sujetos de derechos y obligaciones para propiciar actitudes de autonomía, responsabilidad y solidaridad.

- El ejercicio del diálogo y su progresiva valoración como herramienta para la construcción de acuerdos y resolución de conflictos.
- El reconocimiento e identificación de diversas formas de prejuicios y actitudes discriminatorias hacia personas o grupos.
- El reconocimiento de normas que organizan la escuela, la familia y la vida en sociedad, la reflexión grupal sobre la necesidad e importancia de las mismas y las consecuencias de su cumplimiento o incumplimiento.
- El reconocimiento de los Derechos Humanos y los Derechos del Niño, de su cumplimiento y violación en distintos contextos cercanos y lejanos.
- La observación de mensajes emitidos a través de los medios de comunicación masiva (presentes en videojuegos, publicidades, juegos de computadora, series de televisión y dibujos animados entre otros) reconociendo y discutiendo críticamente las formas que se presentan a mujeres y varones, contenidos violentos y distintas formas de discriminación.

En el caso del segundo ciclo, los *Lineamientos* (2008: 28) sugieren que se promueva en los y las estudiantes desde la Formación Ética y Ciudadana lo siguiente:

- La generación de situaciones que permitan a las alumnas y los alumnos comprender y explicar los sentimientos personales e interpersonales, las emociones, los deseos, los miedos, los conflictos, la agresividad.
- La participación en diálogos y reflexiones sobre situaciones cotidianas en el aula donde se manifiestan prejuicios y actitudes discriminatorias.
- El reconocimiento y expresión de los deseos y necesidades propios y el respeto de los deseos y las necesidades de los/as otros/as, en el marco del respeto a los derechos humanos.
- La reflexión en torno a la relación con la familia y con los amigos. Los cambios en esta relación durante la infancia y la pubertad.
- El abordaje de la sexualidad a partir de su vínculo con la afectividad, el propio sistema de valores y creencias; el encuentro con otros/as, los amigos, la pareja, el amor como apertura a otro/a y el cuidado mutuo.

- La construcción y la aceptación de las normas y hábitos que involucran la propia integridad física y psíquica en el ámbito de las relaciones afectivas.
- La reflexión sobre las distintas expectativas sociales y culturales acerca de lo femenino y lo masculino y su repercusión en la vida socio-emocional, en la relación entre las personas, en la construcción de la subjetividad y la identidad y su incidencia en el acceso a la igualdad de oportunidades y/o la adopción de prácticas de cuidado.
- El análisis crítico de los mensajes de los medios de comunicación y su incidencia en la construcción de valores.
- La reflexión sobre ideas y mensajes transmitidos por los medios de comunicación referidos a la imagen corporal y los estereotipos.
- El ofrecimiento y solicitud de ayuda ante situaciones que dañan a la propia persona u a otros/as.
- La reflexión sobre las formas en que los derechos de niños, niñas y adolescentes pueden ser vulnerados: el abuso y violencia sexual, explotación y "trata de personas".
- La identificación de conductas de "imposición" sobre los derechos de otros/as y de situaciones de violencia en las relaciones interpersonales, a partir del análisis de narraciones de "casos" y/o "escenas".
- El conocimiento de la Convención Internacional de los Derechos del Niño, la comprensión de las normas que protegen la vida cotidiana de niñas y niños y el análisis de su vigencia en la Argentina.

Es importante destacar que la ESI es un espacio de controversias, de encuentros y desencuentros en el que convergen áreas disciplinares, transversalidades y especificidades, tradiciones, imposiciones culturales, normativas, familias, escuelas, creencias religiosas y, sobre todo, personas con derecho a conocer y a experimentar. Por ello, como docentes de todos los niveles debemos estar abiertos y abiertas a la posibilidad de revisar la selección de contenidos de la Formación Ética y Ciudadana para atravesarlos con las problemáticas que la ESI propone.

2. Segundo nivel de análisis y especificación curricular: Nivel Jurisdiccional

2.1. Diseño curricular de la Provincia de Santa Fe[32]

El *Diseño Curricular Jurisdiccional*[33] nos brinda un conjunto de propuestas de acción flexibles, abiertas y viables que se consideran coherentes con la concepción de la educación sustentada por la Provincia de Santa Fe en el momento de su publicación, el año 1997, y con la Ley Federal de Educación que fijó los lineamientos de la política educativa en el año 1993.

Este *Diseño* orienta en aspectos específicos y es el marco para construir el currículum real en la Institución y en el aula. Para ello, los y las docentes podrán reflexionar sobre el mismo e interpretarlo para la obtención de sentidos y de significados, a la luz de las peculiaridades de sus prácticas y en los contextos socio-históricos en que se inscriben. Los ejes que conforman el área Formación Ética y Ciudadana son los que siguen:

Persona[34]

El término latino *persona* tiene su origen en la filosofía cristiana y, más específicamente, hacia el año 325, cuando bajo el denominado Concilio de Nicea se debatió acerca de la relación entre los términos *persona* y *naturaleza* en la figura de Cristo. De esta manera se definió que la Santísima Trinidad está compuesta de tres personas distintas (Padre, hijo y Espíritu Santo) con la misma naturaleza divina o el mismo ser.

A continuación haremos alusión muy brevemente a dos de los filósofos cristianos que fueron los más influyentes en la historia de la noción de persona.

---

32. Aquí cabe aclarar que en el marco del nivel jurisdiccional se analiza e interpreta el diseño curricular que se halla vigente en la provincia de Santa Fe porque es el ámbito en el que las autoras se desempeñan. No obstante reconocemos que en los diseños jurisdiccionales de las demás provincias de la República Argentina existe una notoria similitud de contenidos y objetivos en el abordaje de la Formación Ética y Ciudadana.

33. Recuperado de http://www.bnm.me.gov.ar/giga1/documentos/EL000365.pdf para el primer ciclo, http://www.bnm.me.gov.ar/giga1/documentos/EL000366.pdfpara el segundo ciclo del nivel primario y http://www.bnm.me.gov.ar/giga1/documentos/EL000432.pdf para el tercer ciclo.

34. Para el análisis del concepto de persona seguimos a Ferrater Mora, J. (2004: 2759-2764) *Diccionario de filosofía*, Tomo III, Barcelona: Ariel.

En primer lugar hablaremos de San Agustín (354-430 / Tagaste-Hipona), la figura más importante de la Patrística[35]. Este autor se refirió a la noción de persona vinculándola a las nociones de *relación* y *experiencia*. De esta manera se enfoca específicamente en la intimidad de la persona. La relación que tiene la persona consigo misma es concreta y real, en un tiempo y un espacio, con una historia por detrás. Algunos de los rasgos de la concepción agustiniana de persona son: ser con capacidad de autorreflexión; consciente de su limitación y su responsabilidad ante Dios que le interpela; ser histórico y temporal; buscador de la verdad y de la felicidad; capaz de amar y de servir a los demás.

El segundo pensador cristiano al que haremos referencia es Severino Boecio (475-524/ Roma), quizás uno de los autores más influyentes en la historia de la noción de persona. El mismo proporcionó una definición que fue tomada por la mayoría de los autores medievales, ya sea para profundizarla o para contrarrestarla. Para Boecio la persona es una substancia individual de naturaleza racional. La esencia de la persona se halla en su naturaleza racional, es ella la que distingue al ser humano del resto de las especies. No importan cuáles sean las cualidades de cada persona, sólo importa su racionalidad esencial o substancial que se convierte en la *más suyo propio*.

La base filosófica sobre la que se aborda el eje persona en el área Formación Ética y Ciudadana en el nivel primario tiene sus antecedentes en los citados pensamientos cristianos. No obstante, la noción de persona es sumamente compleja y se ha ido enriqueciendo de nuevas características a partir de corrientes modernas y posmodernas que la fueron pensando. De esta manera incluye, ya no solo la esencialidad de su ser sino procesos psíquicos, procesos de sociabilidad básicos, procesos de identidad e identificaciones sociales, su libertad, su salud, etc. La persona será entonces, en todas sus dimensiones constitutivas: en su eminente dignidad, su ser único, original e irrepetible, su igualdad esencial, su carácter de fin en sí mismo, su ser consciente y libre, sujeto de deberes y de derechos inalienables, capaz de buscar la verdad y el bien, de proyectar libre y responsablemente su vida, de ser protagonista crítico, creador y transformador de la sociedad, la historia y la cultura.

---

35. La Patrística es aquel subperíodo de la historia de la filosofía medieval bajo el cual se agrupa el pensamiento de los denominados Padres de la Iglesia. Estos últimos deben reunir las siguientes características: ortodoxia, santidad de vida, aprobación por la Iglesia y antigüedad.

Valores[36]

El fenómeno de los valores es estudiado por una disciplina filosófica llamada axiología. La noción de valor en un sentido general está ligada a nociones tales como las de selección y preferencia, pero ello no quiere decir todavía que algo tiene valor porque es preferido o que algo es preferido porque tiene valor. Decimos que esta es una aserción general en tanto es muy probable que valoremos positivamente lo que nos agrada, interesa o deseamos y negativamente lo que nos desagrada, desinteresa o no deseamos. Por ejemplo, valoramos decir la verdad, ser sinceros, pero podríamos estar en una situación en la que decirla a una persona podría ocasionarle un dolor irremediable. De esta manera si algo tiene valor implica que no nos es neutral o indiferente.

En síntesis los valores son cualidades que atribuimos a las cosas o situaciones o que reconocemos en ellas. Discutimos sobre la belleza de un paisaje, la valentía de una persona en tal situación o la utilidad de una máquina. Sin embargo, dos son los problemas filosóficos que rodean a los valores. Por un lado, la discusión en torno a su naturaleza y, por otro, la cuestión del carácter relativo o absoluto. Si bien no vamos a profundizar acerca del análisis de estos problemas, sólo diremos que existen corrientes de pensamiento que sostienen que las personas le asignan valor a las cosas o situaciones dependiendo del placer, el gusto, el deseo o el interés. "Los valores son impresiones subjetivas de agrado o desagrado que las cosas nos producen." (Schujman, 2014: 5). Un ejemplo de esta postura subjetivista sería que un cuadro sea bello si realmente nos da gusto contemplarlo.

Otras corrientes de pensamiento manifiestan que las cosas o las situaciones son valiosas en sí mismas, independientemente de las opiniones personales. "Los valores se descubren, no son proyecciones de los sujetos que valoran." (Schujman, 2014: 7). Por ejemplo, para el objetivismo la belleza de un cuadro está en ese cuadro más allá de

---

36. Para el análisis del concepto de valor seguimos a Ferrater Mora, J. (2004: 3634-3641) *Diccionario de filosofía*. Tomo III. Barcelona: Ariel. Y a Schujman, G. (2014) Valores, moral y ética en la formación ciudadana. Discusiones teóricas y curriculum. En *Educación política para la construcción de ciudadanos en ámbitos educativos: herramientas conceptuales y estrategias para Aca. Latina*. Buenos Aires: Centro REDES. Recuperado de http://cursos2014.centroredes.org.ar/course/view.php?id=84.

que haya una persona que la perciba o no. Por último, una tercera posición[37] postula que el valor es el resultado de la relación entre el sujeto y el objeto. "El placer, el deseo, el interés influyen en lo que valoramos, pero estos estados no son suficientes para que exista el valor sino que tienen relación con elementos objetivos." (Schujman, 2014: 9). De esta manera, *La última cena* de Leonardo Da Vinci tiene un gran valor estético que será reconocido por las personas que sepan contemplarlo.

Para sintetizar, y sin menospreciar todas las discusiones filosóficas que giran en torno al problema de los valores, diremos que la dimensión valorativa es una característica que emerge de las personas en cuanto somos capaces de actuar de acuerdo a objetivos, juzgar y tomar decisiones en función de ello y elegir caminos por los que se dirigirán nuestra vida personal, familiar, profesional y social. Si bien existen muchas clasificaciones de los valores, teniendo en cuenta diversas posturas y criterios, en este apartado haremos alusión a una clasificación muy general que puede dividirlos en:

- Valores morales: valentía, amistad, solidaridad, humildad, responsabilidad, prudencia.
- Valores estéticos: belleza, fealdad.
- Valores religiosos: caridad, piedad, santidad.
- Valores lógicos: verdad, falsedad

Las personas somos capaces de descubrir, apreciar, actualizar y asumir jerárquicamente y polarmente valores. La escuela, en tanto institución social, debe promover aquellos valores que son reconocidos universalmente porque están basados en la dignidad de las personas y en la naturaleza humana.

Normas

Las normas existen para las conductas de las personas y las personas nos regimos por esas normas porque necesitamos amarres, líneas o guías en nuestros caminos de vida. La conducta humana requiere de normas que regularicen y, en el peor de los sentidos, normalicen las intenciones instintivas o animalescas. Una norma

---

37. Esta postura fue propuesta por el filósofo argentino Risieri Frondizi (1958) en su libro *¿Qué son los valores?* México: FCE.

señala lo que está permitido y lo que está prohibido. Obliga a nuestra conducta según el deber ser y el deber hacer. Por ello, en general, toda norma siempre tiene prevista una sanción para el caso de no ser cumplida.

Las normas refieren a la convivencia social en tanto que están organizadas en torno a un sistema de principios y leyes cuyo propósito debe ser garantizar el respeto social a la dignidad de las personas y propiciar la construcción del bien común. Como en la vida cotidiana desempeñamos varios roles según el contexto y el paso del tiempo, es decir, somos padres o madres, hijos o hijas, compañeros o compañeras, vecinos o vecinas, estudiantes, ciudadanos o ciudadanas, amigos o amigas, esas normas de conducta siempre son necesarias para reglar y ordenar nuestras relaciones convivenciales.

Entre las normas que rigen nuestra vida y nuestra convivencia podemos nombrar los siguientes tipos. En primer lugar hablaremos de las normas sociales que tienen que ver con hábitos, costumbres, tradiciones y modas que prevalecen y se repiten en una sociedad en particular y frente a las cuales las personas deben responder con su cumplimiento. Estas normas expresan lo que cada sociedad considera bueno para ordenar sus relaciones, y por ello, cuando no son cumplidas, acarrean sanciones sociales tales como el rechazo, la burla o el repudio de los semejantes. De esta manera cuando tocamos el timbre de una casa ajena, cuando nos sentamos a almorzar sin gorra, cuando saludamos a las personas conocidas, es costumbre que en esta cultura y esta sociedad así lo hagamos.

En segundo lugar, podemos hablar de las normas religiosas que, en un sentido general, surgen hacia el interior de una creencia religiosa en particular y deben ser acatadas por todos los miembros de esa religión. Son consideradas obligatorias para que los y las creyentes alcancen la bienaventuranza, agradando a alguna divinidad superior. Estas normas son conocidas por la sociedad según se trate de religiones reveladas o no reveladas. En el primer caso (cristianismo, judaísmo, islamismo) la divinidad se manifiesta a las personas en un momento determinado. Son sus libros sagrados los que tienen escritas las normas y son los profetas quienes transmiten la palabra divina. En el segundo caso no hay necesidad de que la divinidad se dé a conocer para que las personas crean en una serie de verdades, principios o normas. El incumplimiento de las normas religiosas es sancionado según cada religión, pudiendo, en ciertos casos privarse a la persona de determinados beneficios que como miembro pueda tener. Son ejemplos de estas normas los diez mandamientos cristianos, el BeneiMitzvá del judaísmo, y la circuncisión entre los judíos y musulmanes.

En tercer lugar, expondremos las normas morales que son dictadas no ya por la sociedad o las religiones sino por las propias personas. Cuando obedecemos normas morales, como por ejemplo cumplir la palabra que hemos dado, permitir a una mujer embarazada que sea atendida antes en el banco, o asegurarnos del bienestar físico y psicológico de nuestros hijos o hijas, no lo hacemos porque nos obligan las Sagradas Escrituras o el Código Penal, simplemente es nuestra conciencia moral la que manda. En caso de no ser obedecidas las personas serán sancionadas con su propio remordimiento.

Por último, haremos alusión a las normas jurídicas que son reglas que regulan el comportamiento de las personas en la sociedad y cuyo incumplimiento se encuentra sancionado por el propio ordenamiento. Este tipo de normas ordena la conducta humana prescribiendo determinados comportamientos o señalando determinados efectos a los actos humanos. Están referidas al plano de cómo debería dirigirse y actuar nuestra libertad, sobre todo, cuando esa libertad se vincula a la libertad de los otros, en el marco de la convivencia en una comunidad política. Las sanciones por el incumplimiento de una norma jurídica varían desde multas hasta la privación de la libertad y están previstas en constituciones, códigos o reglamentos a partir de leyes nacionales o provinciales y de decretos municipales o comunales. Son ejemplos de este tipo de normas el hecho de que debemos detener el automóvil cuando el semáforo está en rojo, en un kiosco o en un almacén no se deben vender bebidas alcohólicas a menores de dieciocho años, no se debe maltratar a los animales.

A continuación presentaremos un cuadro que muestra las características de la clasificación de normas que hemos expuesto.

TIPO DE NORMA	ORIGEN	REGISTRO	SANCIÓN	EJEMPLOS
Normas Sociales	Hábitos, costumbres y tradiciones	No está escritas	Rechazo, burla, ridiculez o repudio	Formas de saludar o de tomar los cubiertos
Normas Religiosas	Creencias religiosas	Aparecen escritas en los libros sagrados o sólo se conocen por la palabra de los profetas, dependiendo del tipo de religión.	Acto de constricción o castigos	No utilizarás el nombre de Dios en vano
Normas Morales	Conciencia moral	No están escritas	Remordimiento	Debes ser solidario con con el aquel que se encuentre en necesidad
Normas Jurídica o Leyes	El Estado, a través de los gobiernos nacionales, provinciales o municipales/ comunales, o cualquier organización autorizada	Aparecen escritas en constituciones, códigos o reglamentos a nivel internacional, nacional, provincial o municipal/ comunal.	Autoridad que haya recibido especialmente esa atribución (senadores, diputados, concejales) decide qué sanción compete. Puede ir desde una multa hasta la privación de la libertad	Está prohibida la venta de bebidas alcohólicas a menores de 18 años.

Cabe aclarar que el tercer eje a nivel jurisdiccional para la Formación Ética y Ciudadana del nivel primario solo apunta al primer tipo de normas, es decir, las normas sociales. El eje se refiere al tipo de normas que hacen a la convivencia social y que deben garantizar el respeto a la dignidad de las personas propiciando la construcción del bien común.

Para cerrar este apartado nos gustaría presentar un esquema que intenta relacionar los tres ejes a nivel jurisdiccional, vinculándolos con la formación ética y la formación ciudadana.

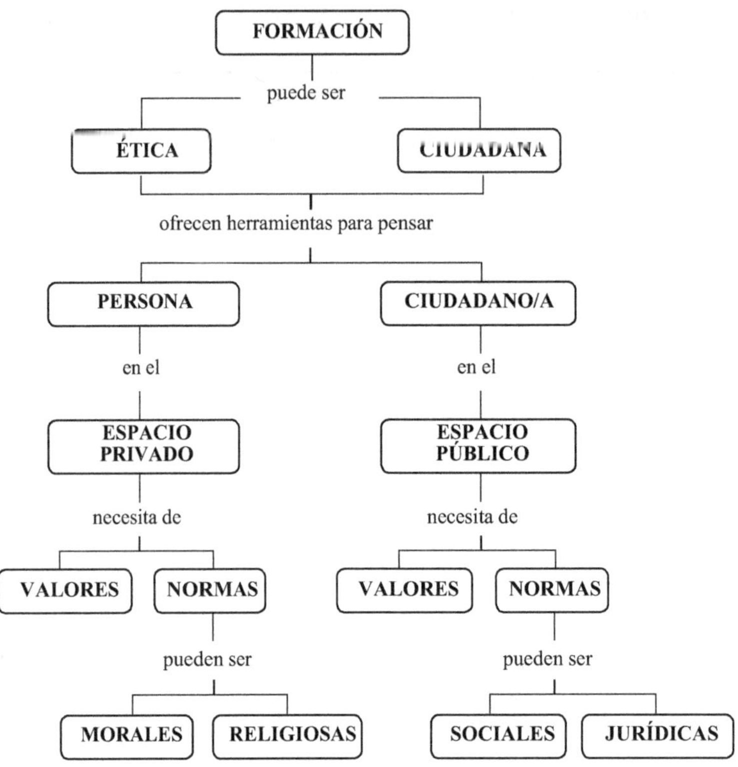

2.2. Núcleos Interdisciplinarios de Contenidos

En abril del año 2016 se publicaron desde el Ministerio de Educación de la Provincia de Santa Fe los *Núcleos Interdisciplinarios de Contenidos* (NIC)[38]. Los mismos acompañan el desarrollo curricular institucional desde un concepto base: el acontecimiento. "Un acontecimiento es un momento social destacado. No sabemos con exactitud, aunque tampoco importa tanto, cuándo inicia. Lo que sí sabemos es que, al reconocerlo y advertir su presencia, comienza a ser tratado por su problematicidad, conflictividad, particularidad y necesidad de conocerlo" (Carlachiani, 2016: 11-12). De esta manera un acontecimiento viene a ser un momento socialmente destacado que irrumpe, que conmociona y hasta puede modificar lo dado para revelar algo nuevo o escondido.

---

38. Recuperado de http://plataformaeducativa.santafe.gov.ar/moodle/course/view. php?id=3503

En este sentido, pensar la educación como acontecimiento permite desarrollar procesos de creación e imaginación de lo inédito ante situaciones con complejidades múltiples. Los NIC convierten a ese acontecimiento en objeto de estudio desdc una multiplicidad de miradas y desde un diálogo interdisciplinar. Por ello se vuelven necesarios algunos aspectos tales como la creatividad, el trabajo colectivo y la interdisciplinariedad.

Entre los objetivos (Carlachiani, 2016: 9) de los NIC se destacan:

- Fomentar e impulsar una formación integral que permita vincular a los/las estudiantes con sus contextos para aprehender el mundo a través de la construcción interdisciplinaria de saberes.
- Habilitar espacios de enseñanza y aprendizaje que superen la visión fragmentada y atomizada de contenidos identificando a la institución escolar como unidad de definición y desarrollo curricular.
- Promover el uso de las tecnologías educativas como herramientas que mejoran las prácticas escolares contribuyendo a la construcción colectiva y cooperativa entre las generaciones.
- Generar espacios de diálogo y participación que permitan la construcción de la convivencia a través de la puesta en práctica de valores en el proceso de socialización.

Una vez que desde alguna clase, desde alguna disciplina en especial o desde la escuela se selecciona el acontecimiento a trabajar, teniendo en cuenta las realidades e intereses socio-culturales del estudiantado, se determinan qué disciplinas se tornan imprescindibles para su abordaje. "En este aspecto, cada docente se posiciona con respecto a los contenidos escolares que enseña en su espacio curricular desde un posicionamiento político-epistemológico que es coherente con el que sostienen las demás disciplinas" (Carlachiani, 2016: 12). Las recomendaciones de los NIC sugieren que no se increpe al acontecimiento desde cada una de las disciplinas implicadas sino que se pueda verlo en sus múltiples dimensiones desde los aportes que cada espacio pueda aportar al estudio. Es importante rescatar que un acontecimiento no es la solución de un problema, sino, casi por el contrario, la apertura de posibles problemáticas que reclama la creatividad desde un juego disciplinar para dar posibles e inacabadas soluciones. Lo fundamental es posibilitar el debate, el intercambio y la construcción colectiva de sentidos, lo cual permitiría la invención de intervenciones creativas e innovadoras por parte de los/las estudiantes.

En cuanto a la evaluación del NIC "se espera que […] forme parte del proceso y abarque no sólo el aprendizaje de los/las estudiantes, sino también la enseñanza y el impacto que el desarrollo de los Núcleos Interdisciplinarios de Contenidos (NIC) tiene sobre la institución educativa en su conjunto" (Carlachiani, 2016: 13). De esta manera la evaluación se medirá en el proceso a partir de la integración de los saberes y de la transformación del binomio enseñanza-aprendizaje.

Los NIC que se sugieren para trabajar institucionalmente se estructuraron en base a temas sociales emergentes. Desde allí, según los intereses e inquietudes del estudiantado, se pueden recortar hacia nuevas problemáticas que se constituyan en acontecimientos que, a su vez, interpelen a toda la comunidad educativa y a la sociedad en su conjunto. De esta manera los NIC presentados llevan los siguientes títulos: Vínculos violentos, Consumo problemático de sustancias, La alimentación, La energía, Los desafíos de la democracia, Dengue, Las culturas: modos de habitar el mundo, El cambio climático, El universo, Lo tecnológico en la era digital. Todos ellos ofrecen formas de abordaje y diversas actividades que invitan a trabajarlos o bien invitan a crear otros NIC.

Bibliografía

ALTERMAN, N. (s.f) "Desarrollo curricular centrado en la escuela y en el aula". Aportes para reflexionar sobre nuestras prácticas docentes. Ministerio de Gobierno, Educación y Cultura. Dirección General de Enseñanza Primaria. Recuperado de http://www.uepc.org.ar/conectate/wp-content/uploads/2012/05/Desarrollo-curricular-centrado-en-la-escuela-y-en-el-aula.pdf

BOMBINI, G. (coord.) (2012) *Guía para el desarrollo institucional de la Educación Sexual Integral. 10 orientaciones para las escuelas.* Buenos Aires: Ministerio de Educación de la Nación.

CARLACHIANI, C. (coord.) (2016) *Núcleos Interdisciplinarios de Contenidos.* Santa Fe: Ministerio de Educación de Santa Fe. Recuperado de http://plataformaeducativa.santafe.gov.ar/moodle/course/view.php?id=3503

CIMMINO, K., MULCAHY, A. y VERGARA, M. (2008) *Lineamientos Curriculares para la Educación Sexual Integral.* Argentina:

Ministerio de Educación de la Nación. Recuperado de http://www.
me.gov.ar/me_prog/esi/doc/lineamientos.pdf

COLL, C. (1994) *Psicología y Currículum*. Barcelona: Paidós.

FALCÓN, M. I. (2008) Anotaciones sobre identidad y otredad. *Revista
electrónica Psicología Política*. Año 6. Nº 16. San Luis: Facultad de
Psicología Universidad Nacional de San Luis. Recuperado de http://
www.psicopol.unsl.edu.ar/marzo08_01.pdf

FERRATER MORA, J. (2004) *Diccionario de filosofía*. Barcelona: Ariel.

GIMENO SACRISTÁN, J. (1988) *El currículum: una reflexión sobre la
práctica*. Madrid: Morata.

Ley Nacional de Educación Nº 26206 (2006) Argentina: Ministerio
de Educación de la Nación. Recuperado de http://www.me.gov.ar/
doc_pdf/ley_de_educ_nac.pdf

MARINA, M. (Coord.) (2009) *Educación sexual integral para la educación primaria: contenidos y propuestas para el aula*. Buenos Aires:
Ministerio de Educación de la Nación.

MINISTERIO DE EDUCACIÓN DE LA PROVINCIA DE SANTA FE (1997*)
Diseño Curricular Jurisdiccional para EGB primer ciclo EGB
segundo ciclo y EGB tercer ciclo*. Recuperado de http://www.bnm.
me.gov.ar/giga1/documentos/EL000365.pdf, http://www.bnm.
me.gov.ar/giga1/documentos/EL000366.pdf y http://www.bnm.
me.gov.ar/giga1/documentos/EL000432.pdf.

MINISTERIO DE EDUCACIÓN Y CULTURA DE LA PROVINCIA DE SANTA FE
(1997) *Módulo 2, Documento 4. Apuntes para la elaboración del
Proyecto Curricular Institucional Serie T.E.B.E.* Santa Fe.

Núcleos de Aprendizaje Prioritarios (2007/2011) Argentina: Ministerio
de Educación de la Nación. Recuperado de http://www.me.gov.ar/
curriform/nap.html

Programa Nacional de Educación Sexual Integral. Ley Nº 26150
(2006) Argentina: Ministerio de Educación de la Nación. Recuperado de http://www.me.gov.ar/doc_pdf/ley26150.pdf

SCHUJMAN, G. (2014) Valores, moral y ética en la formación ciudadana. Discusiones teóricas y curriculum. En *Educación política
para la construcción de ciudadanos en ámbitos educativos: herramientas conceptuales y estrategias para Aca. Latina*. Buenos Aires:
Centro REDES. Recuperado de http://cursos2014.centroredes.org.
ar/course/view.php?id=84.

Capítulo 6

De estrategias y evaluación

"Un currículum democrático incluye
no sólo lo que los adultos piensan que es importante,
sino también las preguntas y preocupaciones
que los jóvenes tienen sobre sí mismos y su mundo [...]
Un currículum democrático implica oportunidades continuas
de explorar estas cuestiones, de imaginar respuestas
a los problemas y de guiarse por ellas".
(Apple y Beane, 2000: 34)

1. Cómo enseñar contenidos en el área de Formación Ética y Ciudadana: estrategias metodológicas

Planteado ya el sentido de la enseñanza del área Formación Ética y Ciudadana se torna imprescindible no sólo el *qué* enseñar, sino el *cómo*. No hay cómo sin qué ya que las estrategias metodológicas operan necesariamente sobre contenidos. La enseñanza de esta área exige la absoluta condición de conocer y conocer muy bien los contenidos, es decir, competencias, fundamentaciones teóricas en los saberes específicos relacionados con la ética, el derecho, la política, la psicología y la antropología. Saberes que deben estar siempre contextualizados histórica, política y socialmente.

En tal sentido, enseñar contenidos para la Formación Ética y Ciudadana exige, como vimos, la interacción de saberes disciplinares distintos y se constituye epistemológicamente como un verdadero campo interdisciplinar. Si bien en otro apartado ya explicitamos los saberes específicos del área, el modo de organización de los mismos cobran en este contexto la necesidad de volver a pensar que lo interdisciplinar solo es posible desde identidades disciplinares fuertes. De lo contrario, cosa que ocurre con frecuencia, se los confunde con meras yuxtaposiciones, más o menos complicadas o con integraciones en papeles, de alguna u otra manera, forzadas.

Lo que la escuela debe hacer es socializar mediante el conocimiento, es decir, garantizar que el sujeto social logre un pensamiento crítico, un juicio moral autónomo, una capacidad de tomar decisiones racionales y libres, una coherencia entre lo que se piensa, lo que se dice y lo que se hace, y un desarrollo de la creatividad en todas las experiencias educativas.

En este camino de pensar el *cómo* consideramos una cuestión importante la transversalidad de los contenidos. Los contenidos de la Formación Ética y Ciudadana son interdisciplinares en su fundamentación epistemológica y son o pueden ser transversales en su organización curricular. Este punto ayuda a no vaciar de contenidos la Formación Ética y Ciudadana, a no diluir su especificidad disciplinar e interdisciplinar. También ayuda para no encerrar en una asignatura escolar lo que debe atravesar toda la enseñanza, para no desplazar la Formación Ética y Ciudadana del entramado cotidiano de las prácticas educativas y para posicionarla solo en sus espacios y tiempos de enseñanza explícita.

Es necesario partir de la especificidad de cada campo del saber para poder plantear su integración. Esto supone procesos de formación disciplinar, o sea, desde el conocimiento de las diferenciaciones disciplinares y solo desde ellas es posible plantear su integración en la construcción conjunta de los saberes.

En esta instancia podemos pensar en algunos criterios para elaborar, para armar el menú curricular, para darle un sentido más cercano al trabajo en el aula. Entre ellos mencionamos los siguientes:

- Considerar la relevancia de los problemas sociales en los contextos de enseñanza.
- Reflexionar sobre la historicidad de los temas y/o problemas y las formas de abordarlos.
- Pensar la enseñanza como desafío a la cultura presente.
- Pensar qué prometer.
- Pensar en experiencias que aporten riqueza y multiplicidad de perspectivas sobre un tema difícil.
- Establecer signos de autoridad que permitan manejar los conflictos en el aula y la diversidad de opiniones.

- Dar cabida a los sujetos y pensar sobre las dinámicas que se ponen en juego en el aula.
- Construir un marco adecuado para la intervención frente a situaciones delicadas y garantizar la discreción en el tratamiento de casos particulares.

Ahora bien, ¿cómo enseñar estos contenidos escolares? Como ya hemos señalado a lo largo de los capítulos precedentes, los mismos se constituyan en aprendizajes socialmente significativos para la vida de los y las estudiantes. En tal sentido, proponemos, coincidentemente con los NIC, tomar como punto de partida problemáticas propias de los contextos que habitan estos estudiantes y que conduzcan al abordaje de contenidos escolares de los espacios curriculares que integran la propuesta educativa institucional. Cada espacio curricular y las disciplinas realizan aportes al abordaje de la problemática planteada.

En esta dinámica de trabajo es importante la intervención, en cuanto a la orientación y acompañamiento, de los y las docentes, generando ambientes de aprendizaje. De este modo: "cada uno de los estudiantes está convocado a participar, a través de diálogos centrado en argumentaciones , debates, resolución de conflictos, etc., con la presencia activa de un docente que sea tanto garante de las condiciones igualitarias del diálogo, como provocador de la profundización en el análisis" (Siede, 2013: 170).

Esta circulación de significados diversos, de comprensión, de elaboración, de interpretaciones y de iniciación de procesos de reflexión se llevará a cabo a través de variadas estrategias metodológicas. Entendemos por estrategias metodológicas una secuencia ordenada de actividades y recursos que utiliza el o la docente para enseñar en la práctica educativa. A modo de ejemplo, presentamos algunas estrategias metodológicas, tal vez las más específicas de nuestra área de estudio.

1.1. Ejercicios autobiográficos

Consideramos acertado pensar la autobiografía –o investigación de sí mismo– como un camino para vehiculizar tal sentido. Se parte de la noción de que la autobiografía, como punto de encuentro humano y social que genera aprendizajes contextuales. Así, la autobiografía se convierte en una herramienta que permite sensibilizar al estudiante llevándolo a valorar las búsquedas personales.

Lejeune (1986) tuvo gran eco en lo que se refiere al papel del autor y el lector en la autobiografía. Para él, ambos asumen un pacto donde el lector decide leer el texto aceptando la coincidencia de la identidad del autor, el narrador y el personaje principal como uno solo, en lo que se ha denominado el pacto autobiográfico, es decir, su verdad. Esto provoca en el lector actitudes de recepción específicas, conectadas con uno mismo: uno se pregunta si la persona dice la verdad o no, si se equivoca sobre sí mismo o no. El relato autobiográfico se configura como una manera de recrear la experiencia vital, pero sujeto a un discurso construido a partir de las condiciones personales y contextuales presentes al momento de su elaboración. Por lo tanto, se considera una apuesta que surge de la esfera personal, pero que a su vez se potencia en la relación con el otro, como lector de un discurso o relato que reinventa una historia actualizada en la mente del autor.

Ejemplos de esta estrategia pueden ser relatos autobiográficos de niños, niñas y/o adolescentes en los que aparezcan prácticas sociales y culturales, historias vistas desde la gente común, *historias de marginados, derrotados, silenciados en espacios geográficos diferentes* como la calle, la aldea, los suburbios o las villas.

1.2. Resolución de conflictos o problemas

En este marco es importante que aclaremos cuándo una actividad o tarea constituye un problema y cuándo dicha actividad es un ejercicio repetitivo que supone que el o la estudiante lo resuelva con una respuesta automatizada. Entonces, ¿qué es un problema?, tal como lo plantea Pozo:

> La solución de problemas requiere que el entrenamiento técnico se complete con un comportamiento estratégico que permita utilizar esas técnicas de modo deliberado en el contexto de tareas o situaciones abiertas, que admiten soluciones diversas, a las que llamamos problemas. Sólo cuando el alumno ha practicado con situaciones de este tipo y no solo con tareas rutinarias cerradas, estará en condiciones de transferir estratégicamente su conocimiento a nuevos problemas (1998: 22).

Las habilidades y estrategias de resolución de problemas son específicas de un determinado dominio y un docente debe tener el dominio de conocimientos específicos. Una situación solo puede ser concebida como un problema en la medida en que exista un reconocimiento de ella como problema, es decir, que requiere de algún modo un procesos de reflexión o toma de decisiones sobre la secuencia de pasos a seguir (Pozo, 1998). Enseñar a resolver problemas constituye un contenido relevante en la enseñanza escolar, supone la enseñanza de procedimientos, destrezas y estrategias de resolución, pero también supone actitudes de valoración hacia el aprendizaje de resolución de problemas como modo de enfrentarlo. Resolver un problema supone poner en marcha habilidades y conocimientos.

Las etapas en la resolución de problemas son las siguientes:

Etapa 1: comprensión del problema.
Etapa 2: diseño de un plan.
Etapa 3: ejecución o desarrollo del plan
Etapa 4: evaluación de los resultados.

Reconocemos que este tipo de estrategias permite motivar a los y las estudiantes, establece relaciones entre el contenido y el mundo real, promueve pensamiento de orden superior, estimula la cooperación y el intercambio de información y experiencia, facilita un trabajo más autónomo, favorece la multiplicación de enfoques y puntos de vista.

Por ejemplo, en los discursos que aparecen en los medios masivos de comunicación, videojuegos, publicidades, series de televisión y dibujos animados, entre otros, se transmiten de manera implícita y explícita *formas de violencia simbólica*. A partir de esta problemática social se pueden formular situaciones conflictivas para resolver.

1.3. Discusión y resolución de dilemas morales

La discusión de dilemas morales es un método creado por el psicólogo estadounidense Lawrence Kohlberg (1927-1987) para demostrar que se dan estadios evolutivos organizados estructuralmente a partir del desarrollo moral de niños y niñas. Kohlberg creía que había una correlación entre el desarrollo moral y el desarrollo intelectual. Para probar esto investigó a niños y niñas entre diez y diecisiete años de edad y les realizó entrevistas en las que proponía la resolución de dilemas morales hipotéticos.

Un dilema moral es una narración breve, a modo de historia, en la que se plantea una situación posible en el ámbito de la realidad pero conflictiva a nivel moral y requiere una solución. Por regla general la situación se presenta como una elección disyuntiva: la persona o el grupo protagonista se encuentra ante una situación decisiva y existen dos o más opciones, siendo ambas soluciones igualmente factibles y defendibles. Los dilemas morales se suelen obtener de la literatura, de los medios de comunicación, de la propia imaginación de quien los elabora o de la vida cotidiana. Siempre se busca que estos dilemas motiven el interés de los y las oyentes o lectores/as que, de una u otra manera, ven reflejadas en ellos situaciones más o menos cercanas.

El o la docente de Formación Ética y Ciudadana, si pretende abordar dilemas morales, primero deberá comprender la naturaleza del conflicto moral y reconocer que la presentación de este conflicto dependerá de las edades de los niños y niñas. Se puede trabajar con un único dilema moral para todo el grupo, con diversos dilemas morales para abordarlos en pequeños grupos o de manera individual. La elección de la modalidad de trabajo, como ya dijimos, dependerá de las edades de los niños y niñas.

Es fundamental, para que la implementación de esta estrategia dé óptimos resultados, que una vez pensadas o escritas las posibles resoluciones a cualquier dilema moral se socialicen y se pongan a discusión ante todo el grupo. Además, en este tipo de clases, se debe promover la multiplicidad de puntos de vistas con el fin de que los y las estudiantes puedan expresarse con destreza pero siempre argumentando a favor de su postura o en contra de la de algún/a compañero/a. Por ello es muy importante que el o la docente pueda llevar adelante un debate, a partir de interrogantes abiertos que movilicen y desestructuren las posturas acotadas con repreguntas inesperadas que compliquen las circunstancias. También debe existir la regulación de un orden en la exposición de los y las participantes con el fin de que todos y todas puedan dar su opinión.

Un ejemplo de esta estrategia pueden ser situaciones de la vida cotidiana en las que se jueguen decisiones disyuntivas atravesadas por valores morales como la *solidaridad, la responsabilidad o la valentía*. Por ejemplo: "Una persona se encuentra en una situación difícil. Su hermana está enferma y necesita un medicamento que cuesta mucho dinero. Ese medicamento la salvará. Esa persona ya ha intentado conseguir dinero prestado pero nadie entre su familia y sus amistades ha podido ayudarlo. Un día ingresa a una farmacia y ve que en un estante al alcance de su mano está el preciado medicamento. El farmacéutico ni siquiera se percató de su presencia ya que está hablando por teléfono muy alejado del mostrador. No hay nadie más en la farmacia, ni cámaras, ni alarmas." ¿Qué hará el protagonista de la historia?, ¿qué debe hacer?, ¿qué quiere hacer?, ¿qué haríamos nosotros/as en un caso similar?

1.4. Clarificación de valores

Se trata de un conjunto de técnicas de trabajo que tiene por objeto que el o la estudiante realice un proceso reflexivo acerca de lo que valora. No se trata de transmitir valores sino de reflexionar acerca de ellos. El objetivo es llegar a la conducta pasando por el sentimiento y la claridad de ideas. Se trata de poner al alcance del estudiante medios que le permitan alcanzar de forma racional y autónoma el descubrimiento de sí mismo y al mismo tiempo iniciar procesos de cambio (personal y colectivo). Esta estrategia no enseña valores, al contrario los reconoce como tales y ayuda a la persona a que se concientice si está o no comprometida, si es o no auténtica.

Para poder realizar el proceso de valoración en cualquiera de los temas que se tratan en el aula, se destacan tres tipos de técnicas: diálogos clarificadores, hojas de valores y frases inconclusas. Estas técnicas se pueden utilizar prácticamente en todas las edades ampliando o disminuyendo el nivel de complejidad.

A continuación, detallamos las técnicas mencionadas:

    a. Diálogos clarificadores: se pretende que el o la estudiante vaya profundizando en sus reflexiones a medida que se desarrolla un diálogo. Esta técnica es de carácter individual. Estos diálogos se pueden dar en situaciones organizadas o en aquellas situaciones espontáneas que se brinden a ello. En cualquier caso el o la docente ha de conseguir que sus respuestas sirvan de estímulo a la reflexión o a la duda y ha de evitar que se pierda la confianza del estudiante o que se cierre el diálogo. Las preguntas o los interrogantes que plantea el o la docente pueden ser múltiples. Para no caer en improvisaciones es conveniente preparar los interrogantes con cierto detenimiento, sobre todo si no se tiene bastante práctica en este tipo de ejercicios. Además una situación problemática no se resuelve con una conversación, sino que exigirá un largo y lento proceso para anticipar y evaluar sus consecuencias, una habilidad para dar sentido moral a la adopción de criterios para la resolución de problemas de valor. Por otro lado, la necesidad de fundamentar en este ámbito exige el conocimiento de marcos normativos que permitan dar cuenta de las posiciones particulares a partir de los principios y normas en que se sustentan. Las representaciones cotidianas, fuertemente influenciadas por los medios de comunicación y generalmente respondiendo a estereotipos no problematizados, permiten avanzar hacia miradas más ricas y fundantes al respecto.

b. Hoja de valores: A diferencia de los diálogos clarificadores, que son individuales, la hoja de valores consiste en presentar al estudiantado (individualmente o en grupo) un breve texto en el que se exponga una situación problemática que invite a la discusión. Además se añade una lista de preguntas sobre las que hay que reflexionar. El objetivo es crear una situación de controversia entre el grupo para que los y las estudiantes contrasten sus diversos puntos de vista. Admite variaciones como por ejemplo organizar la defensa de opiniones en pequeños grupos o decidir que una persona esté siempre en contra de lo que se vaya argumentando. Es decir, se pretende que la discusión sea ordenada y rica.

c. Frases inconclusas: puede ofrecer la posibilidad de que cualquier estudiante piense sobre sus creencias, opiniones, preferencias, en relación a los valores. Esta técnica es de carácter individual y permite que el o la estudiante guarde sus respuestas sin que sea necesario exponerlas al resto de la clase. De esta manera se plasmarán en un escrito las opiniones sobre problemas que quizás este estudiante se ha planteado por primera vez. Posteriormente se podrá utilizar otro tipo de ejercicios que exijan discusión.

Para llevar a cabo la clarificación de valores es necesario que los temas se vinculen con la vida cotidiana, se conecten con la realidad de la clase y con situaciones que son problemáticas para los y las estudiantes. Además esta estrategia posibilita descubrir alternativas antes de decidirse por una opción para actuar libremente y examinar formas de conducta que se repiten en la vida. Dentro de ese marco, el o la docente debe presentarse como un miembro más del grupo, con opiniones que son compatibles con las de los demás. A su vez irá creando un espacio de crisis que lleve a la progresión, mientras que sus intervenciones orientarán a poner en duda aquellos argumentos que parezcan acabados para promover formas más elaboradas de reflexión. También es importante señalar que nunca se debe forzar a un estudiante a que exprese sus opiniones. En la situación escolar hay que evitar situaciones que frustren al estudiante ya que pueden encontrarse en un momento diferente al del resto de sus compañeros/as.

Esta estrategia se puede poner en práctica, por ejemplo, con la simulación áulica de *participación ciudadana* en el marco de deliberaciones democráticas para la toma de decisiones en Centros de Estudiantes, Consejos Estudiantiles, Cooperativas Escolares, etc.

1.5. Estudio de caso

El trabajo con estudios de casos constituye una estrategia apropiada para abordar, en una situación real y concreta, distintos problemas sociales. La misma brinda la posibilidad de inscribir una situación específica en contextos más generales y complejos, y favorece la comprensión de procesos sociales más amplios.

A los efectos de elaborar un estudio de caso, luego de definir el tema, por ejemplo *El acceso desigual de la población a los servicios de la ciudad*, la tarea podría continuar con una secuencia de trabajo similar a la siguiente:

- Definir los conceptos disciplinares que orientan la selección de los contenidos y el recorte temporal-espacial específico (a qué espacio y a qué momento se refiere el caso). Ejemplo: segregación espacial y social, calidad de vida, marginalidad, infraestructura de servicios básicos, actores sociales, escalas de análisis. Estos conceptos permitirán enmarcar o contextualizar el caso seleccionado y desarrollar estrategias explicativas que lo inscriban en la lógica más general de los procesos de construcción del territorio y de organización del espacio urbano desde una perspectiva multidimensional.

• La idea general que abarca a este caso es el espacio urbano capitalista como reflejo de las desigualdades sociales. Estas últimas se manifiestan en la división por áreas residenciales segregadas y, por lo tanto, los difercntes sectores sociales que viven en la ciudad no acceden de la misma forma a los bienes y servicios urbanos.

• Una vez que se comprende el caso y su contexto, se identificarán los problemas, se seleccionarán las fuentes, se elaborarán las estrategias y actividades (lecturas, interpretación, análisis, elaboración de cuadros, esquemas, juegos de simulación, manejo de fuentes, material cartográfico, debates, exposiciones, informes).

1.6. Debate

Consiste en un intercambio informal de ideas e información sobre un tema realizado por un grupo de estudiantes bajo la coordinación de la o el docente. Si bien se asemeja a una clase en la que se hace participar a los y las estudiantes a partir de preguntas, en realidad se caracteriza por:

• El tema elegido para el debate tiene que ser cuestionable y dar lugar a diferentes enfoques e interpretaciones.

• El moderador del debate, el o la docente, debe hacer un par de preguntas que llevará escritas.

• Los participantes conocen el tema con antelación como para informarse por sí mismos y poder intervenir en la discusión con conocimientos.

• El número conveniente de estudiantes participantes es de doce a quince.

Desarrollo del debate:

a. El o la docente hace un breve desarrollo para introducir el tema.

b. Formula el primer interrogante e invita a participar. Se puede estimular la participación con algunas frases como: algunos opinan que, alguien podría decir, etc.

c. El o la docente no puede ejercer presiones, lo importante no es obtener la respuesta esperada, sino la elaboración mental y las respuestas propias del grupo.

d. El o la docente no debe entrar en el debate, su función debe ser la de conducir, guiar, moderar, estimular. Podrá sugerir, aportar elementos de información, esclarecer confusiones y contradicciones pero sin comprometerse en los puntos de vista.

e. Antes de terminar el debate se puede llegar, pero no necesariamente, a algunas conclusiones. No puede cortarse el debate sin antes resumir las argumentaciones y extraer lo positivo de los diversos aportes.

Esta estrategia lleva más tiempo que el desarrollo de una clase habitual, ya que estimula el pensamiento crítico, el análisis, la reflexión, el trabajo colectivo, la comprensión, la tolerancia.

Por ejemplo, se podría iniciar un debate con alguna temática relacionada a *la alimentación* como hecho-proceso natural a partir de los siguientes interrogantes: ¿qué es la nutrición?, ¿cómo es la organización nutricional de los seres vivos?, ¿en qué consiste la nutrición en los seres humanos?, ¿cuál es la composición básica de los alimentos?, ¿cuáles son sus principales nutrientes (las proteínas, los hidratos de carbono, las sustancias grasas o lípidos, los minerales, las vitaminas y el agua)?

Como cierre de esta temática, después del proceso de desarrollo de la secuencia, se podría realizar un nuevo debate que problematice la alimentación como hecho social. Los interrogantes podrían ser los siguientes: ¿qué significa cultura alimentaria?, ¿cuáles han sido sus cambios y sus permanencias a lo largo del tiempo?, ¿qué usos sociales le damos a los alimentos?, ¿cuáles son las funciones de los alimentos?

1.7. Juego de roles

La técnica juego de roles pretende facilitar la adquisición de las siguientes capacidades: la perspectiva social, la empatía y la asunción de roles. Se trabajan conjuntamente los aspectos interpersonales, racionales y emocionales que actúan en la toma de decisiones, siendo todos ellos objetos de un análisis posterior. Mediante la práctica continuada de juego de roles, los y las estudiantes exploran los sentimientos, actitudes, valores y percepciones que influyen en su conducta, a la vez que se sienten forzados a descubrir y aceptar el rol de los demás. Dentro de la Formación Ética y Ciudadana el juego de roles adquiere

gran relevancia ya que consiste en dramatizar, a través del diálogo y
la improvisación de una situación que presente un confl icto con trascendencia moral, es decir, de un problema que sea abierto y dé lugar a
posibles interpretaciones y soluciones.

La interpretación de los actores se basa principalmente en el diálogo
y la palabra, evitando las difi cultades y complicaciones que tendría el
adoptar un estilo teatral. No obstante, una mínima ambientación puede
dar seguridad a los intérpretes. Mientras tiene lugar la interpretación,
el grupo de observadores permanece en silencio tomando notas de los
aspectos que anteriormente se les ha indicado.

El proceso clásico de juego de roles podemos explicarlo a partir de
tres etapas: preparación de la dramatización, representación escénica,
comentarios y discusión. En primer lugar se requiere crear en el aula un
clima de confi anza y participación. Se anima al grupo a trabajar el problema, intentando que todos lo reconozcan y lo acepten como un tema
de interés. Se designan los roles y se busca que sea afectivamente contrario al que cualquier estudiante asume comúnmente en la vida real.
El o la docente aporta todos los datos necesarios para la dramatización,
indicando claramente cuál es el confl icto, qué personajes intervienen y
qué escena se representa. La explicación es limitada para poder respetar
un amplio margen de improvisación.

Luego se piden voluntarios para representar los distintos personajes
animando a los y las estudiantes a participar pero sin forzarlos. Los
voluntarios se convertirán en los actores que tendrán un espacio y un
tiempo breve para interiorizar su papel y preparar mínimamente su
actuación. Si se considera necesario, el o la docente entregará a cada
estudiante un pequeño escrito donde fi guren los rasgos de personalidad
más característicos del personaje. El o la docente informa al resto de los
miembros de la clase que harán de observadores cuyo papel consiste en
evaluar el realismo de la representación, comentar la actuación de los
distintos personajes, los sentimientos que hay en juego, los intereses y
las distintas actitudes.

Por último se procede al comentario y a la discusión de la presentación. Se incentiva a los protagonistas a dar sus impresiones, a explicar
su desempeño, a expresar sus sentimientos y emociones.

A modo de ejemplo tomaremos el eje Educación Vial a partir
de un juego que podemos llamar *Paseamos por el espacio urbano*.
El o la docente puede simular un circuito en el patio de la escuela.
Los roles a asumir pueden ser inspectores de tránsito, peatones,

ciclistas, motociclistas y automovilistas con las vestimentas y objetos necesarios. Se pondrán en escena la representación tanto del cumplimiento de las normas de tránsito como de las infracciones. Se pueden dramatizar diálogos correspondientes a situaciones de infracción y las sanciones correspondientes.

2. Cómo evaluar en el área de Formación Ética y Ciudadana: algunas consideraciones acerca de la evaluación

Entendemos que la evaluación es el componente curricular más complejo. Se convirtió en los últimos años en un tema que reaparece, tanto en el debate pedagógico-didáctico como en la preocupación de los docentes, estudiantes y padres. Surge la necesidad, en este sentido, de construir una renovación conceptual.

Nos posicionamos desde una concepción de evaluación comprensiva, cualitativa entendida como proceso, como un momento de reflexión y análisis de la enseñanza y del currículum, y no sólo como un momento final. Consideramos que la misma tiene un carácter complejo ético y político. Existe una relación muy estrecha entre las concepciones de enseñanza y de aprendizaje y la evaluación. Se torna importante entonces, conocer cómo aprende el estudiante, qué camino recorre, cómo lo hace, qué posibilidades y dificultades aparecen, y de este modo poder regular la intervención pedagógico-didáctica.

La evaluación debe formar parte del proceso de enseñanza y aprendizaje y debe abarcar, no sólo el aprendizaje de los y las estudiantes, sino también la enseñanza y el impacto que el desarrollo de las planificaciones y proyectos institucionales (organización curricular) tienen sobre la institución educativa en su conjunto. Tal como sostienen Celman[39] en un capítulo titulado ¿Es posible mejorar la evaluación y transformarla en herramienta de conocimiento?:

> Las concepciones que se tengan acerca del conocimiento, la enseñanza, el aprendizaje, constituyen marcos referenciales epistemológicos y didácticos que, juntamente con criterios

---

39. Este capítulo está incluido en Camilloni, A., Celman, S., Litwin, E. y Palou de Maté, M. (1998) *La evaluación de los aprendizajes en el debate didáctico contemporáneo.* Buenos Aires: Paidós.

ideológico-educativos y consideraciones acerca del contexto en que se desarrolla el proceso de enseñanza y aprendizaje, actúan a modo de parámetros que guían dicha reflexión y orientan las interpretaciones (1998: 42).

Como la evaluación es de carácter procesual e integradora, el aula ocupa un lugar importante, ya que es constitutiva de las prácticas pedagógicas mediando el encuentro entre el proceso de enseñar y el de aprender (Palou de Maté, 1998)[40] entre la ética y el poder.

Evaluar es conocer, comprender, recibir a los y las estudiantes en sus diferencias y estilos propios de aprendizaje, para planear y ajustar acciones pedagógicas favorables a cada estudiante y al grupo en su conjunto. Con este criterio el estudiantado aprende siempre (principio ético de valoración de las diferencias), aprende más con mejores oportunidades de aprendizaje (principio pedagógico de acción docente investigadora), y los aprendizajes significativos son para toda la vida (principios dialécticos de lo provisorio y lo complementario) (Hoffman, 2010: 74).

De este modo, se promueve un acompañamiento a la trayectoria singular de cada estudiante y, al mismo tiempo, al grupo en su generalidad, confiando en las potencialidades del aprendizaje colaborativo. Se sugiere tener en cuenta no sólo la apropiación de saberes sino también el desempeño de los y las estudiantes respecto del trabajo en equipo, la colaboración y el sentido colectivo de la tarea.

Asimismo es importante considerar en la evaluación los saberes de la Formación Ética y Ciudadana, los saberes de las experiencias y los saberes culturales cercanos. Por ello, la evaluación no queda reducida a la evaluación de los aprendizajes. También tiene valor el aspecto institucional en la evaluación de la enseñanza y el aprendizaje. Esto nos permite pensar que la evaluación tiene que ver con innovar, con intentar, con la mirada puesta en la reedificación de las prácticas evaluativas. Se trata de una instancia que provee al docente de capacidades para analizar y mejorar sus prácticas de enseñanza en lo que respecta al diseño y desarrollo de las clases, a la relación con los y las estudiantes, a la relación entre los saberes académicos y los saberes sociales.

---

40. María del Carmen Palou de Maté es una de las autoras de Camilloni, A., Celman, S., Litwin, E. y Palou de Maté, M. (1998) *La evaluación de los aprendizajes en el debate didáctico contemporáneo*. Buenos Aires: Paidós.

Siguiendo con estas concepciones evaluativas es importante que el o la docente no sea solamente quien evalúe los procesos de enseñanza y aprendizaje, sino que se den, también, otros procesos como los de autoevaluación y co-evaluación. Todas estas miradas y perspectivas sobre la evaluación puedan ser encauzadas y articuladas hacia un objetivo común: favorecer el tratamiento institucional del currículum para el logro de aprendizajes significativos por parte de los estudiantes.

2.1. Evaluación de contenidos conceptuales

Si bien en las planificaciones actuales no se especifican los contenidos conceptuales, procedimentales y actitudinales, creemos conveniente desglosarlos a modo de aclaración, de ayuda y de aporte al momento de evaluar.

Los contenidos factuales del área, conocimiento de hechos y datos, se caracterizan por ser descriptivos y concretos (fechas, nombres, etc.). Las actividades de evaluación más apropiadas, en este caso, serán a partir de simples preguntas, orales o escritas; completamiento con la palabras que falta; identificación de proposiciones como verdaderas o falsas, etc. Los contenidos que pueden ser evaluados de esta forma son, por ejemplo: número de los artículos de la *Constitución Nacional Argentina*, fecha y lugar de sanción de la *Declaración de los Derechos del Niño*.

Los contenidos referidos a conceptos del área, por el contrario, requieren de la comprensión, de un verdadero proceso de elaboración y construcción personal del concepto. Por ejemplo, las actividades de evaluación para estos contenidos pueden ser:

    a. Observación y registro de diferentes situaciones en que los y las estudiantes apliquen estos conceptos (*valores, derechos, democracia*, etc.) en sus intervenciones espontáneas, en trabajos en grupo, debates y diálogos.

    b. Elaboración y producción de texto o exposición organizada (oral o escrita) sobre determinado contenido. Por ejemplo: el *consumo de drogas y su prevención*.

    c. Presentación de situaciones y conflictos cotidianos relacionadas con el concepto, por ejemplo, de *discriminación*.

Es necesario que en la evaluación el o la docente plantee situaciones nuevas, ya que lo que se pretende evaluar es la capacidad de generalizar un concepto a situaciones nuevas. Se trata de presentar casos en los que la resolución de conflictos ciudadanos o dilemas morales requiera de la utilización del concepto.

2.2. Evaluación de contenidos procedimentales

La evaluación de estos contenidos puede efectuarse considerando:
a. El conocimiento referido al procedimiento (qué acciones lo componen, cómo deben realizarse, etc.). Para ello, se pueden hacer preguntas concretas acerca de una determinada actividad (una observación, una entrevista, manejo de bibliografía). Se requiere del estudiante que demuestre la apropiación de ese conocimiento.
b. El uso y aplicación de este contenido en situaciones nuevas. El o la estudiante deberá poner en práctica ese contenido a través de la realización concreta.

En la evaluación de estos contenidos es necesario tener en cuenta la corrección y precisión de su ejecución. Si el o la estudiante aprendió a realizar un informe, un mapa conceptual o a exponer un argumento, deberá poder transferirlo en cualquier área.

Para evaluar contenidos procedimentales se presentarán actividades de clasificación, de deducción, de inferencia, de búsqueda de información, de resolución de situaciones problemáticas, de análisis de caso y de argumentación.

2.3. Evaluación de contenidos actitudinales

Estos contenidos comprenden valores, actitudes, apreciaciones y normas. Los componentes cognitivos y afectivos hacen que sea más compleja su evaluación. ¿Cómo se evalúa el respeto hacia la diversidad cultural?, ¿el valor de la solidaridad?, ¿el respeto por las diferencias, por las creencias?, ¿el cumplimiento de las normas?, ¿el derecho a la participación?

Al respecto, es pertinente para poder saber qué piensan y qué valoran en realidad los y las estudiantes, el planteo de situaciones problemáticas y conflictivas que favorezcan la observación del comportamiento de cada uno de ellos en actividades grupales, en debates, en asambleas, en los recreos, en las salidas, en las expresiones directas o indirectas y en las actividades recreativas. Las herramientas más adecuadas para evaluar estos contenidos son el lenguaje y las acciones manifiestas y entre los instrumentos más usados, las escalas de actitudes y los cuestionarios.

El o la docente debe ocupar una posición parecida al del observador participante, es decir, por un lado observa y por otro interviene y se compromete en las realidades que observa.

2.4. Detrás de la evaluación: cuestiones éticas,
políticas, sociales, pedagógicas y psicológicas

2.4.1. *La perspectiva ética de la evaluación*

La evaluación no es solo una cuestión de índole técnica, académica, de preguntarnos sobre las modalidades, recursos e instrumentos más adecuados para realizarla. No es solo el cuestionamiento técnico y las preocupaciones que conllevan, de las que surgen preguntas sobre: qué evaluar, cómo evaluar, cuándo evaluar y a quiénes evaluar. Como aspectos sustantivos la atraviesan perspectivas éticas, ligadas indefectiblemente a posturas ideológicas y a sistemas de valores. Relacionado a esta perspectiva ética las preguntas se relacionan con: qué fines persigue la evaluación, para qué y qué usos se van a hacer de la información y de los resultados de la evaluación, qué usos hacen los y las estudiantes de la evaluación, para qué les sirve, quién utiliza los resultados de la evaluación, más allá de la inmediatez del aula.

2.4.2. *La perspectiva política de la evaluación*

Al ser la enseñanza un acto político, la evaluación como parte de ella conlleva a una toma de decisiones que inciden en el proceso educativo del estudiantado. Esto implica asumir determinadas opciones valorativas que responden, a su vez, a opciones socio-políticas y axiológicas expresadas en la política educativa. Desde esta perspectiva, lo más importante no es el hecho de realizar la evaluación, ni siquiera el modo de hacerla, sino al servicio de quién se pone y qué uso se va a hacer de la información que ella provee.

2.4.3. *La perspectiva social de la evaluación*

La evaluación desde las connotaciones sociales se relaciona directamente con la promoción, con el éxito, con el fracaso y con la deserción. Ante esto debemos preguntarnos, cuando un estudiante no acredita los saberes mínimos para aprobar, ¿cuáles son los factores que intervienen en este proceso?, ¿qué eslabón del proceso evaluativo parece tener mayor responsabilidad: estudiantes, docentes, escuela, sistema educativo, sociedad?

2.4.4. *La perspectiva pedagógica de la evaluación*

Con respecto a las connotaciones pedagógicas, la evaluación suele ser un punto conflictivo entre directivos, docentes, estudiantes y padres. Algunas veces los y las docentes condicionan el currículum a partir de sus saberes, gustos e intereses, dando lugar a que los y las estudiantes aprendan más aquello que luego va a ser evaluado.

2.4.5. *La perspectiva psicológica de la evaluación*

En cuanto a las connotaciones psicológicas, si la evaluación se entiende como instrumento de selección se transforma en una práctica clasificadora y etiquetadora. Las investigaciones psicológicas han demostrado lo nocivo de las marcas y huellas que dejan en cualquier estudiante la imagen que los Otros construyen de él o de ella.

2.5. Métodos y técnicas sencillas: instrumentos de evaluación

Los instrumentos, de acuerdo con la concepción de evaluación a la que adherimos, pueden ser:
- Abiertos: que valoran procesos complejos y no sólo memoria mecánica.
- Globalizadores: que integran aprendizajes significativos.
- Coherentes: respecto de la concepción de evaluación, los criterios adoptados, el proceso de enseñanza y de aprendizaje.

- Dinámicos: que por un lado impiden la ritualización de la evaluación y por otro permiten registrar los logros, dificultades y contradicciones.
- Confiables: que realmente evalúan lo que se ha decidido evaluar.

El examen tradicional y el menos tradicional, los cuestionarios, las entrevistas, las preguntas y ejercicios en clase, los trabajos de investigación, constituyen focos de información útiles para captar el valor y el grado de lo aprendido y el modo en que se ha realizado el proceso.

Los instrumentos de evaluación que en líneas generales podemos emplear en el área Formación Ética y Ciudadana son:

a. La observación de las llegadas y despedidas, la dinámica del aula, los recreos, las relaciones interpersonales, las relaciones con las cosas, etc. Para registrar estas observaciones se pueden utilizar dispositivos manuales, fotográficos, visuales y auditivos.

b. Análisis de producciones requeridas y/o espontáneas, las correcciones, el diario del docente.

c. Pruebas e informes tales como: pruebas tradicionales estructuradas (consignas cerradas y acotadas), pruebas tradicionales no estructuradas (consignas abiertas y amplias), pruebas objetivas (de opción múltiple), pruebas semi-estructuradas (consigas claras que ponen en juego procesos complejos y múltiples capacidades) y pruebas a libro abierto (supone la utilización de contenidos procedimentales como buscar, seleccionar información, integrar, sintetizar, extraer conclusiones, relacionar, fundamentar). Estas últimas responden a un modelo didáctico crítico-reflexivo y a la teoría constructivista del aprendizaje.

2.6. La autoevaluación de los y las estudiantes: un eslabón necesario en el proceso evaluativo

Dentro del proceso de autoevaluación ocupa un lugar muy importante la evaluación de las estrategias de aprendizaje puestas en juego durante el proceso de construcción de conocimientos. La evaluación de las mismas se vincula con el concepto de metacognición que consiste en el grado de conciencia que tiene un sujeto acerca de sus formas de pensar y aprender. El o la estudiante toma conciencia acerca de cómo aprende, cuándo y por qué aparecen dificultades y cómo y cuándo recuerda mejor lo aprendido. El o la estudiante puede preguntarse: ¿por qué no supe organizar la argumentación?, ¿qué pasos apliqué para sistematizarla?, ¿por qué obtuve esta calificación?, ¿cómo me preparé?, ¿qué es lo que no entendí?

2.7. La elaboración de consignas en el proceso evaluativo

Retomando algunos conceptos, la evaluación educativa intenta provocar y recoger información en torno a la enseñanza y al aprendizaje para conocer, comprender, valorar y si es necesario, incidir en su transformación. Una forma de comunicación se construye en torno a la elaboración y uso de consignas en las instancias evaluativas. Este es un tema que es considerado como objeto de observación y preocupación por parte de los y las docentes y se constituye en uno de los relatos más frecuentes en todos los niveles de enseñanza.

La habitual frase docente "no saben interpretar las consignas" que se enuncia al finalizar las pruebas está relacionada con el imaginario colectivo que cree que esta habilidad de interpretación de consignas es algo que se logra natural y espontáneamente y cuya responsabilidad es exclusiva de los y las estudiantes. Sin embargo no es así, porque las consignas constituyen un lugar de pertenencia docente que traduce los posicionamientos teóricos acerca de la disciplina que enseña. No es lo mismo pedirle al estudiantado que sintetice, argumente, emita opiniones sobre un tema, o indague para la construcción e interrelación de saberes, que solicitarle que dé a conocer información y/o repita los saberes. Las consignas representan indicadores o acuerdos acerca del trabajo intelectual que deben desplegar los y las estudiantes (Celman y Olmedo, 2001).

Como observamos la redacción de consignas es una actividad docente de cierta complejidad que intenta ser coherente con su propuesta educativa. La revisión de las respuestas permite ver desde qué lugar se leen las consignas de trabajo y/o evaluación y su posterior actuación al respecto. En esta última instancia confluyen múltiples significados que permiten negociar diferentes interpretaciones, reconfigurar aprendizajes, diseñar futuros trayectos y acordar la califica-ción final.

Es probable que el o la docente se interrogue acerca de cómo llevar estas ideas al terreno de la práctica. Podemos pensar aquí en una construcción metodológica de la propuesta evaluativa que más que una técnica que nos diga cómo actuar para lograr los objetivos formulados, en realidad, se concrete en una praxis situada.

2.8. De criterios e indicadores de evaluación

Llamamos criterios de evaluación a aquellos aspectos de los procesos de enseñanza y de aprendizaje que elegimos, con fundamentos claros y contundentes, para evaluar. Así los criterios están directamente relacionados, por un lado, con un marco teórico y por el otro, con indicadores empíricos. Son criterios de evaluación, por ejemplo: la calidad de la bibliografía que el o la estudiante utiliza, la articulación de los conceptos, la variedad del material empleado, la presentación formal de los trabajos, la coherencia del texto, la creatividad, etc.

Los indicadores son los referentes que utilizamos para *ver* en la evaluación. Son datos empíricos que atenderemos y que se manifiestan en los instrumentos de evaluación que usaremos. A cada criterio le corresponde su indicador de evaluación. Así, por ejemplo, ante el criterio creatividad del trabajo, utilizaremos como indicadores las ideas que el o la estudiante transmite, el modo original como lo presente, la manera de expresar las ideas personales, etc.

Los criterios y los indicadores deben ser pensados de manera conjunta con el marco teórico que los sustenta, de lo contrario, encontraremos dificultades a la hora de definir una evaluación, puesto que los tres aspectos forman un mismo problema al que estamos mirando desde tres perspectivas diferentes. Una teoría que implica determinados conceptos, un concepto que se traduce en términos de un criterio, un criterio que se traduce, a su vez, en un indicador empírico determinado.

A continuación ofrecemos, algunos ejemplos de criterios e indicadores para evaluar contenidos de Formación Ética y Ciudadana:

Criterio:
• Conocimiento de los *derecho de niños y niñas*

Indicadores:
   a. Identifica los derechos de niños y niñas
   b. Reconoce situaciones de vulnerabilidad de derechos de niños
      y niñas
   c. Transfiere conocimientos específicos a situaciones de la vida
      cotidiana

Criterio:
   • Análisis e interpretación de *vínculos violentos*

Indicadores:
   a. Reconoce vínculos violentos en la convivencia escolar y social
   b. Analiza casos de vínculos violentos
   c. Se compromete en la elaboración y práctica de propuestas de
      posibles soluciones

Criterio:
   • Análisis de la *democracia* como forma de gobierno

Indicadores:
   a. Reconoce a la democracia como forma de organización de la
      sociedad
   b. Debate argumentativamente acerca de la problemática de la
      democracia
   c. Participa de acciones democráticas en el aula y en la escuela

Criterio:
   • Reflexión y crítica acerca de los vínculos personales de *amistad*

Indicadores:
   a. Distingue las diferencias en las relaciones vinculares entre
      compañerismo y amistad
   b. Reflexiona sobre las formas en que se vincula con sus amis-
      tades
   c. Comprende y resuelve dilemas morales referidos a la amistad

Bibliografía

Álvarez Méndez, J.M. (2001) *Evaluar para conocer, examinar para excluir*. Madrid: Ediciones Morata

Anijovich, R. y Mora, S. (2010) *Estrategias de enseñanza. Otra mirada al quehacer en el aula*. Buenos Aires: Aique Grupo Editor.

Brunet, G. (2006) *Ética para todos*. México: Edere.

Camilloni, A., Celman, S., Litwin, E. y Palou de Maté, M. (1998) *La evaluación de los aprendizajes en el debate didáctico contemporáneo*. Buenos Aires: Paidós.

Celman, S. y Olmedo, V. (2001) Diálogos entre comunicación y evaluación. Una perspectiva educativa. *Revista de Educación*. Recuperado de http://fh.mdp.edu.ar/revistas/index.php/r_educ/article/viewFile/29/73

Harf, R. y Azzerboni, D. (2010) *Conduciendo la escuela. Manual de Gestión directiva y Evaluación Institucional*. Buenos Aires: Ediciones Novedades Educativas.

Hoffman, J. (2010) Evaluación mediadora: una propuesta fundamentada. En Anijovich, R. (comp.) (2010) *La evaluación significativa*. Buenos Aires: Paidós.

Lejeune, P. (1994) *El pacto autobiográfico y otros estudios*. Universidad de Valencia. Recuperado de https://archive.org/stream/PhilippeLejeune.ElPactoAutobiograficoYOtrosTextos/Philippe%20Lejeune.%20El-pacto%20autobiografico%20y%20otros%20textos_djvu.txt

Pozo, J. I., Puy Perez, M., Domínguez, J., Gómez, M. A., Postigo, Y. (1994) *La solución de problemas*. Madrid: Aula siglo XXI, Santillana.

Siede, I. (2013) *La educación política. Ensayos sobre ética y ciudadanía en la escuela*. Buenos Aires: Paidós.

Capítulo 7

¿Cómo pensar y poner en práctica las propuestas didácticas? Un acercamiento problemático a la realidad

"Educar para comprender las matemáticas o cualquier disciplina,
es una cosa,educar para la comprensión humana es otra,
ahí se encuentra justamente la misión espiritual de la educación:
enseñar la comprensión entre las personas como condición y garantía
de la solidaridad intelectual y moral de la humanidad".
(Morin, 1995)

La realidad es un concepto complejo a través del cual se puede entender todo aquello que rodea a las personas, el mundo de las cosas y del resto de las personas, al cual accedemos por medio de la intelectualidad, las experiencias y las emociones. En este sentido cobran dimensión la política, el arte, la cultura, la educación y el mundo de relaciones interpersonales. Indagar sobre la realidad es una pregunta interesante que nos lleva a un punto de partida. En tanto personas, percibimos los diferentes acontecimientos y situaciones de una manera subjetiva y concreta, desde las propias vivencias particulares. En síntesis, esta realidad, es el conjunto de las cosas tal como son percibidas por una persona.

A partir de esta mirada convocamos a los y las docentes que nos leen a pensar la realidad desde y en las prácticas de la enseñanza, a buscar y encontrar nuevos desafíos educativos para reflexionar sobre esas prácticas. Los principales objetivos son pensar, repensar e interrogar sobre otros mundos y otras realidades posibles dentro y fuera del aula.

Las propuestas didácticas que se muestran a continuación fueron diseñadas para ser compartidas, no como estructuras cerradas que están a la espera de quien se apropie de ellas, no desde la pasividad de un lector-docente-inactivo sino desde la propia actividad de quien se piensa, se cuestiona y toma decisiones sobre y desde su propia experiencia pedagógica con Otros. Creemos que cada docente es una persona singular que recorre la problemática de la fundamentación y de una construcción metodológica propia para crear, complejizar, reformular apuestas y plantear nuevas formas posibles de abordaje de las problemáticas éticas y ciudadanas que plantea la sociedad actual.

Por lo tanto nuestro propósito no es ofrecer recetas, ni plantear cuestiones de índole técnico-prescriptivo sin tener en cuenta tanto a los posibles destinatarios como a las productoras de estas propuestas didácticas. La idea es presentar alternativas y posibilidades para que emerja lo nuevo y lo diferente sin temor a lo desconocido o a lo desestructurado. Todo ello con el propósito de generar discusión y de suscitar la ocurrencia de ideas superadoras que permitan habilitar el espacio de encuentro cotidiano cara a cara tanto en el aula, como en los espacios públicos y privados (plazas, calles, patios, hogares). Se trata de hacer algo con alguien, de buscar diferentes espacios y tiempos en los que tanto estudiantes como docentes construyan nuevos sentidos del mundo que los y las rodea.

Aclaramos que cada propuesta didáctica incluye una serie de secuencias didácticas que no constituyen formatos cerrados ni incuestionables, sino, por el contrario, totalmente abiertos para ser transformados y enriquecidos con la diversidad de miradas de quienes los quieren poner en juego. Además cada propuesta está pensada desde un enfoque interdisciplinario, es decir que en cada una de ellas dialogan, discuten y se integran algunas áreas curriculares específicas del Nivel Primario con el fin de evitar la fragmentación y favorecer experiencias educativas globalizadoras. Cabe aclarar que este enfoque no deja de validar los aportes de las disciplinas específicas para indagar, profundizar y sustentar un objeto de estudio particular.

A la hora de seleccionar los temas y ejes problematizadores para diseñar las propuestas didácticas tuvimos en cuenta su actualidad, su complejidad y el interés cotidiano que las rodea. Por ello se seleccionaron algunos saberes que son necesarios para la vida y la convivencia, que dan respuesta a problemáticas sociales y culturales de la comunidad educativa y de la sociedad en su conjunto. De esta manera los saberes seleccionados giran en torno a la amistad; el bien y el mal; la convivencia escolar; los vínculos violentos;

la educación vial; los derechos de los niños y niñas; los estereotipos, la identidad y diversidad de género; la alimentación saludable y la participación ciudadana.

En casi todas las propuestas intentamos jugar con la mirada participativa, crítica y democrática de los y las estudiantes para que comiencen a reconocerse y a confundirse entre y con los Otros.

Bibliografía

Morin, E. (1995) *Introducción al pensamiento complejo*. Barcelona: Gedisa.

PROPUESTA DIDÁCTICA Nº 1

TEMA/PROBLEMA:
Reconociendo a mis amigos y amigas
NIVEL INICIAL Y PRIMER CICLO DEL NIVEL
PRIMARIO
ÁREAS INTEGRADAS: Formación Ética y Ciudadana,
Lengua, Música, Plástica

FUNDAMENTACIÓN

¿Qué es la amistad? ¿Un valor, una virtud, un vínculo o una situación? En realidad la amistad es uno de los temas de interés de la Ética, y como tal siempre resulta problemático su abordaje. Lo cierto es que no existe amistad sino interviene en nuestras vidas un otro u otra del/de la cual ser amigo/a. Aristóteles reco-noce que existen tres tipos de amistades: algunas se basan en la utilidad, otras en el placer y otras en la virtud. El filósofo griego venera el último tipo y sostiene que los verdaderos amigos tie-nen que albergar sentimientos de benevolencia recíprocos y ser personas virtuosas porque la virtud es algo sólido y duradero. Podrán tener confianza mutua, no desear hacerse daño y no acce-der a la tentación de la calumnia. Esta, según Aristóteles, es la amistad verdadera.

Desde el área Formación Ética y Ciudadana se intentará brin-dar a los y las estudiantes las herramientas necesarias para que puedan reflexionar críticamente acerca de este tipo de vínculo personal. Se tratará de mostrar que las relaciones entre las per-sonas algunas veces se estructuran sobre el propio interés o con-veniencia u otras veces sobre el placer que nos promueve. Estos tipos de amistad suelen no perdurar en el tiempo ya que quizás se acaben cuando dejen de ser útiles o placenteros. La amistad ver-dadera tiene que ver con la asociación, con las cosas en común y con el deseo del bien del otro. Todo esto a la vez exige tener suficiente autoestima como para sentirse digno de ser amigo o amiga de otra persona.

La Formación Ética y Ciudadana ofrecerá un tiempo y un espacio propicios para poner en cuestión tanto los aspectos armó-nicos como los aspectos conflictivos de los vínculos de amistad. El juego, las charlas, las travesuras, las competencias constituyen espacios de encuentro con los otros en los que a veces se trazan, se afianzan o hasta se enredan las amistades. Lo importante es que los y las estudiantes practiquen el ejercicio de la confianza, la reciprocidad, la autocrítica y el diálogo, ingredientes básicos de una verdadera amistad.

A continuación presentaremos algunas secuencias didácticas para abordar la amistad en el primer ciclo del nivel primario.

CONCEPTOS CLAVE: vínculos personales, relaciones personales, amistad, compañerismo.

PRIMERA SECUENCIA DIDÁCTICA

• Se les presentará oralmente a los y las estudiantes el siguiente dilema moral:

"Julia se sintió muy triste cuando la semana pasada ninguna de las que ella consideraba sus amigas la visitó y ni siquiera le mandó un solo mensaje. Ellas sabían que Julia estaba enferma y con mucha fiebre, ya que la seño lo comunicó a toda la clase. Cuando Julia regresó a la escuela estuvo horas esperando que alguna se acercara y le preguntara *¿cómo estuviste?*, *¿qué te pasó?*, pero nada. Hasta que por fin, Margarita reaccionó y algo le preguntó…"

• Luego se les realizará algunas preguntas detonantes para habilitar el debate oral colectivo. A continuación se sugieren algunas de estas preguntas:
  a. ¿Cómo habrá reaccionado Julia ante la pregunta de Margarita?
  b. ¿Por qué creen que las amigas de Julia no fueron a visitarla?
  c. ¿Cómo continuará la relación entre Julia y sus amigas?
  d. ¿Qué consejos les darían a Julia? ¿Y a sus amigas?
  e. ¿Vivieron alguna vez alguna situación parecida?

• A continuación se repartirá entre los y las estudiantes una ficha para que puedan completar de manera escrita, individual y anónima:

a. ¿Cuántos amigos tienes? ¿Y amigas?

....

b. Cuando estás con tus amigos y/o amigas,
   ¿qué cosas hacen?

....

MI AMIGO O AMIGA SE LLAMA	SUS CARACTERÍSTICAS SON:
	Es el o la mejor en…
	No es como yo pero es…
	No tiene miedo…

- Una vez que todos/as hayan completado la ficha, serán recolectadas, mezcladas y repartidas para que cada uno y cada una pueda jugar a adivinar a quién corresponde la ficha. Luego cada estudiante leerá en voz alta la ficha y verá si acertó o no.
- Para cerrar la secuencia se pedirá a los y las estudiantes que comiencen a construir entre todos/as el concepto de amistad en el pizarrón. Puede ser a partir de la frase "Un buen/a amigo o amiga es…". El mismo será retomado y ampliado en las próximas clases.

SEGUNDA SECUENCIA DIDÁCTICA

- Se convocará a los y las estudiantes a realizar el juego del *Salvavidas en el aula*. En primer lugar se dispersarán por el suelo unas cartulinas de color dependiendo de la cantidad de estudiantes que haya. Se les anunciará que estarán en un barco y que lamentablemente ha comenzado a hundirse. Esas cartulinas representan las lanchas en el mar que les van a salvar las vidas. La docente a cargo dará las órdenes necesarias para que los y las estudiantes puedan salvarse y la música (cambios de ritmos o de canciones) indicará el momento y los tiempos para subirse a las lanchas. Entre las órdenes pueden ser: "Las lanchas tienen lugar para cuatro tripulantes". Quienes no hayan encontrado lugar en las lanchas, quedarán fuera del juego. La actividad se puede dinamizar si las cartulinas se cortan por el medio, si se quitan o se aumentan o disminuyen los números de posibles salvados/as. Resultará ganadora del juego solo una pareja que permanezca en la última lancha.

- Al finalizar el juego el estudiantado podrá comentar cómo se sintió al no encontrar lugar en las lanchas o al no poder ayudar a sus compañeros a salvarse. Lo importante es que surja la noción de ayuda, de permiso para entrar en las lanchas, de solidaridad, de empatía para abordar el concepto de compañerismo.
- A continuación se organizará una actividad para que cada uno/una se reconozca a partir de una serie de preguntas que pueden estar escritas en cartulinas de colores diferentes. Las mismas pueden ser: ¿Quién o quiénes hablan bien de los demás? (sobre color rojo), ¿quién o quiénes se portan bien en clase? (sobre color amarillo), ¿quién o quiénes animan cuando están tristes? (sobre color rosa), ¿quién o quiénes explican cuando no comprendemos algo en clase? (sobre color verde), ¿quién o quiénes prestan los materiales de trabajo? (sobre color celeste). Los y las estudiantes tendrán "manitos" de los mismos colores de los carteles. De esta manera, cada vez que se presente un cartel de color con una pregunta, si cualquier estudiante se reconoce en él, deberá levantar la manito correspondiente a ese color.
- Al finalizar la actividad los y las estudiantes sacarán de una caja una tarjeta con el nombre de algún/a compañero/a. Detrás de la misma podrán escribir un mensaje que lo o la describa a partir de actitudes positivas. Luego cada estudiante podrá ver su tarjeta.
- Para cerrar se dividirá al curso en cinco grupos. Cada estudiante de cada grupo realizará una pregunta a designar a una persona adulta conocida. El modelo de preguntas puede ser el siguiente, o bien se les pueden pedir ideas al estudiantado para elaborarlo cooperativamente:

  - Para el Grupo 1: Para vos, ¿qué es la amistad?
  - Para el Grupo 2: ¿Es importante tener amigas y amigos? ¿Por qué?
  - Para el Grupo 3: ¿Cuántos amigos o amigas tenés?, ¿recordás dónde y cuándo conociste a cada uno/una de ellos/ellas?
  - Para el Grupo 4: Cuando estás con tus amigos/as, ¿qué suelen hacer?
  - Para el Grupo 5: ¿Qué diferencia hay entre ser compañeros/as y ser amigos/as?

Cabe aclarar que las preguntas se responderán de manera anónima y que sólo podrán completar los siguientes datos: si se trata de hombres o mujeres y su edad.

• Se retomará el concepto de amistad que comenzó a construirse en el encuentro anterior y se sumarán nuevas reflexiones sobre compañerismo a partir de un mapa de burbujas como el siguiente.

TERCERA SECUENCIA DIDÁCTICA

• Se les pedirá a los y las estudiantes que lean las respuestas a las preguntas asignadas para realizar una socialización grupal.
• A continuación se escuchará la canción *Amigos* de los Enanitos Verdes. Cada estudiante tendrá a mano la letra de la canción para poder analizarla.

AMIGOS
(Enanitos Verdes (1992). Álbum *Igual que ayer*)

No importa el lugar
el sol es siempre igual. No
importa si es recuerdo

o es algo que vendrá.
No importa cuánto hay

en tus bolsillos hoy,
sin nada hemos venido
y nos iremos igual.
Pero siempre estarán en mí
esos buenos momentos que
pasamos sin saber.

No importa dónde estás, si
vienes o si vas,
la vida es un camino, un
camino para andar. Si hay
algo que esconder,

o hay algo que decir
siempre será un amigo

el primero en saber.
Porque siempre estarán en mí
esos buenos momentos que
pasamos sin saber.

Que un amigo es una luz
brillando en la oscuridad.
Siempre serás mi amigo
no importa nada más. Porque
siempre estarán en mí esos
buenos momentos que pasamos
sin saber. Que un amigo es una
luz brillando en la oscuridad.
Siempre serás mi amigo
no importa nada más.

FUENTE: https://www.musica.com/letras.asp?letra=8413

118

- Para analizar un poco la canción, se introducirán algunas de las siguientes preguntas para incentivar la participación estudiantil: ¿qué temáticas aborda la canción?, ¿conocen algo sobre ese grupo musical?, ¿conocen alguna versión diferente?, ¿a qué género musical pertenece la canción?, ¿cuáles son las características de este género?, ¿qué sentimientos les despertó la canción?, ¿qué frases les llamaron la atención? Luego, el análisis podría focalizarse en los versos "Que un amigo es una luz brillando en la oscuridad", haciendo hincapié en las metáforas que esconden la luz y la oscuridad.
- Además se les pedirá que para el próximo encuentro traigan imágenes, dibujos, caricaturas o algunas frases para comenzar a construir un *Mural de la Amistad*.

CUARTA SECUENCIA DIDÁCTICA

- Se les pedirá a los y las estudiantes las imágenes, los dibujos, caricaturas y frases para comenzar a diseñar el *Mural de la Amistad* en una de las paredes del aula. Se podrán sumar las respuestas a las preguntas de la clase anterior.
- Luego se les propondrá que creen su propio *Árbol de la Amistad*. Cada estudiante podrá diseñar un árbol en telgopor o cartón. Cada hoja llevará el nombre de un amigo o una amiga. Las hojas podrán presentarse en el árbol según sean amistades actuales, amistades de otros momentos (vacaciones, jardín de infantes) o de otros espacios (barrios, clubes, plazas, escuela). Estos árboles podrán añadirse al *Mural de la Amistad*.
- Para cerrar la jornada, el estudiantado visualizará un cortometraje. Se surgieren los siguientes títulos entre otros:

DUFILHO-ROSEN, K. y LASSETER, J. (Productores) (2000) *Para los pájaros*. Estados Unidos.

HUDSON, L., GAVILLET, L., JEAN-SAUNIER, C., KOCAURLU, D. (Directores) (2012) *Monsterbox*. Francia.

MATJI, N. (Productor) (2013) *Cuerdas*. España.

REHER, K. (Productor) (2009) *Fiesta en las nubes*. Estados Unidos.

- Luego de la visualización se abrirá el debate colectivo para que comiencen a plasmarse reflexiones finales y se expresen las emociones y sensaciones que los y las atravesaron.
- Por último, se recordarán las ideas que los y las estudiantes fueron expresando en las clases anteriores sobre el concepto de amistad (frases completadas, mapas de burbujas, canción, etc.). A su vez se les preguntará si quieren sumar otras ideas o cambiar algunas de las ya expresadas. Luego se incluirán en el *Mural de la Amistad.* Una vez terminado, se podrá fotografiar el Mural y subirlo a la página web o a alguna red social de la escuela.

OTRAS SUGERENCIAS Y VARIANTES

- Los y las estudiantes podrán crear sus propias canciones sobre la amistad y presentarlas a toda la comunidad educativa en algún evento especial.
- El *Mural de la Amistad* podrá quedar plasmado en alguna de las paredes de la escuela y se puede convocar a las familias de los y las estudiantes para que lo visiten.
- Los *Árboles de la Amistad* podrán colgarse en el aula a modo de tendedero.

PÁGINAS WEB CONSULTADAS

AAVV (2010). *Serie Recursos para el aula. Temas especiales. Canciones*. Rawson: Centro Provincial de Información Educativa. Recuperado de http://www.chubut.edu.ar/descargas/recursos/cpie/serie/Serie_n9.pdf

Juegos para fortalecer lazos de amistad. (2012). Recuperado de http://www.portaldelmaestro.com/maestro/index.php/2012-04-18-14-10-17/juegos-dinamicas/57-juegos-para-fortalcer-lazos-de-amistad

MINISTERIO DE EDUCACIÓN DE LA NACIÓN (2007) "Decir amigo es…" en *Propuestas para el aula EGB 2 Formación Ética y Ciudadana*. Recuperado de https://www.educ.ar/recursos/91312/decir-amigo-es

RAMÍREZ ESCUDERO, C. y MUÑOZ MOLPECERES, R. (s.f) *Elijo mis amistades*. Recuperado de: http://cloud.crfptic.es:9080/jspui/bitstream/recursos/141/8/07_unidad_didactica_4.pdf

20 de julio. Día internacional del amigo. (2014).Recuperado de http://www.silvitablanco.com.ar/amistad/dia-del-amigo.htm

"Tres situaciones didácticas para trabajar la amistad" (s.f) *Mis trescientas situaciones didácticas*. Recuperado de https://www.editorialmd.com/blog/3-situaciones-didacticas-amistad

TEMA/PROBLEMA:

¿Quién decide lo que está bien y lo que está mal?
NIVEL INICIAL Y PRIMER CICLO DEL NIVEL PRIMARIO
ÁREAS INTEGRADAS: Formación Ética y Ciudadana y Lengua

FUNDAMENTACIÓN

¿Qué es el bien? ¿Qué es el mal? ¿Por qué estamos acostumbrados a valorar las cosas, las situaciones o las personas por el bien o el mal que nos provocan? Desde hace siglos la distinción y contraposición entre el bien y el mal es uno de los tantos pro-blemas de los que se encarga la Ética. La libertad se juega cons-tantemente entre el bien y el mal y cada una de nuestras acciones

o las acciones de los Otros son valoradas como buenas o malas, pero ¿dependiendo de qué?: ¿de los medios?, ¿de los fines?, ¿de las intenciones?, ¿de las personas?

En la antigüedad, el bien estaba asociado al bien común, es decir, al bien de la *polis*. La concepción platónica ligó el bien a la verdad, a la perfección y a la inmortalidad. Por ende el mal tenía que ver con un error de la razón, es decir, con la ignorancia. La concepción cristiana vinculó el bien a la escucha de la verdad divina (la palabra de Dios) y al ejercicio de una vida santa. El mal, entonces, estaba asociado al pecado, a un desvío del libre albedrío. En la modernidad el bien se vinculó al sujeto racional. A raíz de esto, ya en el siglo XIX, el bien se asoció a lo normal y, por lo tanto, al mal había que corregirlo para que retomase el camino del bien. Es la época en la que toman forma las instituciones sociales encargadas de controlar lo desviado, lo anormal. El siglo XX demostró, a partir de las guerras mundiales por ejemplo, que al mal se lo podía aniquilar y destruir en nombre del bien. Los portadores de la *razón* y del *poder* decidieron hacer desaparecer al Otro que no lograba encasillarse en los parámetros *normales*. Por ello el pensamiento posguerra intentó visibilizar y reconocer a esos Otros más allá del bien y del mal.

La Formación Ética y Ciudadana permitirá a los y las estudiantes que reconozcan sus acciones y que las puedan problematizar en el marco de una comunidad de indagación. No se trata de señalar con el dedo aquellas acciones que están bien hechas o las que están mal hechas, sino más bien se trata de criticarlas y abrir el abanico de posibilidades de nuestra existencia.

CONCEPTOS CLAVES: bien, mal, elecciones, decisiones, respon-sabilidades, premios y castigos, permisos y prohibiciones.

Aclaración: La siguiente propuesta didáctica está pensada teniendo en cuenta las pautas sugeridas en el tercer capítulo de este libro titulado "Una infancia filosófica", para la creación y construcción de una comunidad de indagación.

1. **Selección del tema/problema:** en el caso de esta propuesta el tema/problema comienza a rodar entre el bien y el mal, sus orí-genes, sus fundamentos y sus consecuencias. Podría ser abor-dado en el marco de algún saber que se esté **abordando** en clase o bien podría comenzar a planificarse desde las inquie-tudes propias que los y las estudiantes expresen.

2. **Elección del tema/problema:** la pregunta específica de la pro-puesta apunta hacia quienes deciden lo que está bien y lo que está mal.

3. **Inicio de la planificación:** con cierta antelación se comenzará a planificar la comunidad de indagación.

4. **Búsqueda de información específica:** El o la docente a cargo del curso se convertirá en coordinador o coordinadora de la pre-sente comunidad de indagación. A partir de ahora comenzará a buscar información idónea con respecto al tema/problema elegido. A continuación sugerimos algunas páginas web que cuentan con información interesante:

DESTITO, P. y otros (producción general) (2014) El bien. *Mentira la Verdad Temporada 2*. Recuperado de http://encuentro.gob.ar/programas/serie/8023/4170?temporada=2

DURO, E. (Coord.) (2002). *Unicef va a la escuela para hablar sobre la libertad y la igualdad*. Ciudad de Buenos Aires: UNICEF. Recuperado de https://www.unicef.org/argentina/spanish/ar_insumos_educvaescuela3.PDF

GOBIERNO DE NAVARRA. DEPARTAMENTO DE EDUCACIÓN Y CULTURA (S/A) *Desarrollo de conductas responsables de tres a doce años*. Pamplona: Fondo de publicaciones del Gobierno de Navarra. Recuperado de http://dpto.educacion.navarra.es/publicaciones/pdf/conductas.pdf

MEDINA, V. (s/a.) *El lobo bueno y el lobo malo. Leyenda para niños. Un cuento para enseñar qué es lo bueno y lo malo a los niños*. Argentina. Recuperado de https://www.guiainfantil.com/articulos/ocio/cuentos-infantiles/el-lobo-bueno-y-el-lobo-malo-leyenda-para-ninos/

VÁZQUEZ, C. (2016) ¿Desde cuándo el niño distingue el bien del mal? *Eroski Consumer*. España. Recuperado de http://www.consumer.es/web/es/bebe/bebes/6-meses-1-ano/2016/07/13/223993.php

Toda esta información ayudará al coordinador o a la coordinadora a impregnarse de datos, conceptos, estadísticas y curiosidades. Mucha de esta información debería ser adaptada en caso de que, en el marco de la comunidad de indagación, la o el docente deba hacer uso de la misma.

5. **Selección de recurso didáctico:** para abrir la presente comunidad de indagación se sugiere utilizar alguno de los siguientes recursos:

ISOL (2010) *Petit el monstruo*. España: RBA.

ISOL (2013) *Petit el monstruo*. Contextos. Plan permanente de promoción de la lectura. Gobierno de la Provincia de San Luis. Universidad de La Punta. Recuperado de https://www.youtube.com/watch?v=IWRR9hMfj14

TWAIN, M. (2005) *Historia de un niñito bueno. Historia de un niñito malo*. México: Fondo de Cultura Económica. Recuperado de http://perio.unlp.edu.ar/catedras/system/files/04_t1_mark_twain.pdf

6. **Previsión de preguntas problematizadoras:** a continuación figuran una serie de preguntas que pueden ayudar para abrir o reanudar el debate en la comunidad de indagación.

a. ¿Cuándo les parece que los protagonistas hacen las cosas bien?, ¿cuándo les parece que hacen las cosas mal?

b. ¿Por qué a los protagonistas de los cuentos se los trata de buenos o malos dependiendo de las circunstancias?

c. ¿Qué les parece que es hacer las cosas bien o hacer las cosas mal?

d. ¿Somos buenos o malos según los actos que hacemos o las palabras que decimos?

e. ¿Consideran que algunas veces hacemos las cosas bien o las cosas mal a propósito?

f. ¿Creen que existen intenciones buenas e intenciones malas, por ejemplo a la hora de ayudar, de prestar los útiles, de responder o de jugar?

g. ¿Qué sucede con las travesuras o las bromas?, ¿son buenas o son malas?, ¿por qué? ¿Pueden dar ejemplos de algunas bromas o travesuras que hayan realizado?, ¿y que les hayan realizado a ustedes?

h. ¿Qué creen que implica volvernos responsables de nuestros actos?

7. Elección del amuleto: puede optarse por cualquiera de los siguientes objetos para que cumplan el rol de amuleto de la comunidad de indagación:

a. Un osito de peluche

b. Una pelota

c. Una muñeca

d. Un cubo mágico

e. Un autito

f. Un sonajero

g. Una máscara

h. Un títere

8. Planteo de las reglas de la comunidad de indagación: a continuación se sugieren algunas reglas que tratarán de garantizar una comunidad de indagación ordenada y que serán planteadas previamente.

a. Por favor no grités.

b. Cuando alguno/a de tus compañeros/as esté hablando, escuchalo y respetalo.

c. Tené paciencia y esperá tu turno.

d. Para pedir la palabra, solicitá el amuleto.

e. Permanecé tranquilo/a en tu lugar.

f. En caso de que estas reglas no se respeten, el coordinador o la coordinadora puede optar por amonestar, expulsar o hacer que se pierda el turno de la palabra.

9. Previsión del clima espacial y del tiempo: la presente comunidad de indagación está pensada para ponerse en práctica en una hora reloj. Además se sugiere que se lleve a cabo al aire libre con los y las estudiantes sentados/as en el suelo para que se pueda escuchar el cuento que se tome como recurso. En caso de que se opte por pasar el video en el que se oye la lectura del cuento, el espacio puede ser el aula, alguna sala de video o de edición. Puede pensarse en música de fondo o sonidos que se escuchen constantemente.

10. Rol del coordinador o de la coordinadora: entre las funciones que el coordinador o la coordinadora de la comunidad de indagación haya de asumir se encuentran las siguientes:

a. Habilitar la palabra.

b. Añadir algún comentario.

c. Recuperar comentarios.

d. Ordenar el debate.

e. Motivar las intervenciones a través de las preguntas detonantes.

f. No valorar unas opiniones más que otras.

g. Propiciar dilemas morales para que puedan presentarse posibles soluciones.

h. Solicitar que se respeten las reglas establecidas.

i. Extraer conclusiones para cerrar la comunidad de indagación.

11. Revisión de pasos: antes de poner en marcha la comunidad de indagación se sugiere revisar cada uno de los pasos anteriores (tema/problema, información, recurso didáctico, preguntas detonantes, amuleto, reglas, clima espacial, tiempo estimado y rol del coordinador o coordinadora).

PROPUESTA DIDÁCTICA Nº 3

TEMA/PROBLEMA:

Habitar y convivir con los otros en el espacio escolar
PRIMERO Y SEGUNDO CICLO DEL NIVEL PRIMARIO
ÁREAS INTEGRADAS: Formación ética y Ciudadana,
Lengua, Informática, Música, Plástica, Educación Física

FUNDAMENTACIÓN

La observación cotidiana en las escuelas y en el aula nos permite visibilizar las dificultades que presentan los y las estudiantes para construir lazos de una convivencia escolar armónica y saluda-ble. La escuela es una caja de resonancia de las necesidades y demandas sociales, de las nuevas configuraciones familiares, de la violencia, de la desigualdad, de la exclusión, del desempleo, de los modos de filiación, y de la construcción de identidades. Todos estos acontecimientos irrumpen dentro de las paredes de la escuela.

El interrogante que nos formulamos es ¿desde dónde partir para revertir estos hechos cotidianos que desbordan en mayor o menor medida a todos los implicados en la tarea educativa? Una línea de abordaje sería trabajar con los y las docentes, inmersos en esta problemática, pues bien sabemos que el aspecto afectivo, de contención, de empatía genera un clima emocional indispen-sable para que se establezcan vínculos de confianza y respeto.

También es necesario transitar esta problemática junto a los y las estudiantes para promover una reflexión crítica y partici-pativa, para el desarrollo de las potencialidades que cada uno y cada una posee, para hacer de la escuela un verdadero espacio para aprender valores que nos ayuden en la construcción de iden-tidades diferentes

En definitiva, la institución educativa es el primer espacio de vida pública de niños y niñas y es desde este lugar desde donde se debe asumir esta difícil y ardua tarea: la de construir convi-vencia. Si la escuela asume esta tarea y más específicamente, la Formación Ética y Ciudadana cumplirá su compromiso social en la formación de ciudadanos y ciudadanas.

CONCEPTOS CLAVES: convivencia, normas, empatía, compañerismo, respeto, solidaridad, *bullying.*

PRIMERA SECUENCIA DIDÁCTICA

- Se proyectará el siguiente video *Asamblea en la carpintería*, recuperado de https://www.youtube.com/watch?v=ysvm YpOW0FA/
- Organizados en grupos, se les propondrá registrar por escrito aspectos y contenidos que consideren claves del video (frases, palabras, escenas).
- Luego se les preguntará ¿por qué las eligieron?, ¿en qué pensaron al elegirlas?, ¿con qué contenidos o ideas las relacionan?
- Se interpretará el contenido del video a partir del siguiente interrogatorio:
    a. ¿Dónde se desarrolla la escena de este video?
    b. ¿Quiénes son los personajes?
    c. ¿Cuál es el problema que plantea el video?
    d. ¿Cuáles son las causas de esa problemática?
    e. Enumera las cualidades negativas de cada uno de los personajes según sus "compañeros".
    f. ¿Quién resolvió en primera instancia la problemática?
    g. ¿Cómo la resuelve?
    h. ¿A qué reflexiones llegan los personajes de acuerdo con su postura inicial?
    i. ¿Qué reflexión/es les merece a ustedes el contenido de este video?
    j. ¿En qué otros ámbitos se da o puede dar esta situación problemática (aula, familia, club)?

- Teniendo en cuenta el video se realizará la técnica de juego de roles. Se transferirá el contenido del video a la situación áulica a través de la actuación.
    a. Espacio: aula
    b. Personajes de la escena áulica: estudiantes y docentes
    c. Tema: conflictos que aparecen en el video y que pueden corresponderse con los conflictos áulicos.

- Se expresarán similitudes y diferencias con el contenido del video. Además se sugiere realizar un torbellino de ideas para registrar el juego de roles.
- Se confeccionará en forma conjunta con el y la docente el siguiente organizador gráfico: un mapa de árbol.

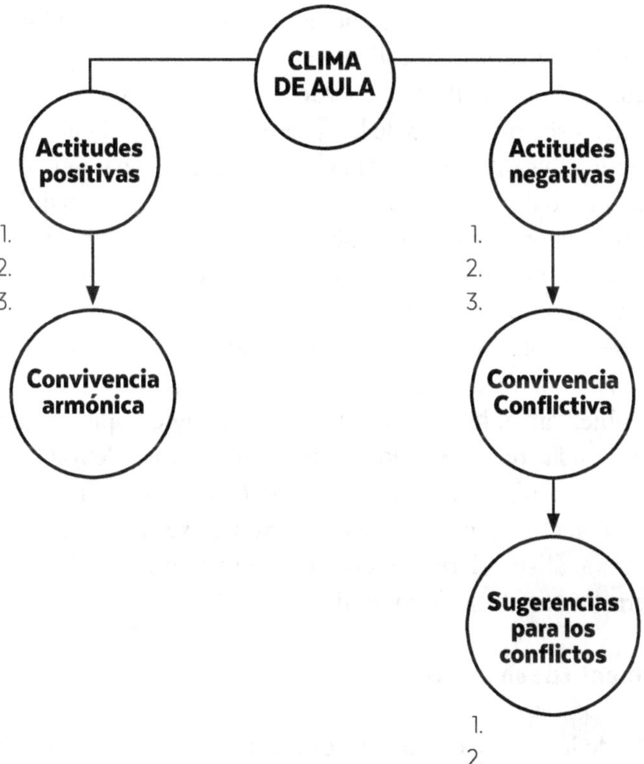

- Se sugiere, para cerrar la primera secuencia, realizar una aproximación teórica al concepto de convivencia. Para construirlo es pertinente que el o la docente considere **aspectos institucionales** (la escuela como institución social, la historia de la escuela, contexto donde está inserta, etc.), **aspectos personales** (autoestima, la mirada del otro, los momentos y etapas de la vida de cada uno, las emociones y sentimientos) y **aspectos relacionales** (reconocimiento con y entre los otros, consideraciones de las diferencias, empatía, tolerancia, hospitalidad).

SEGUNDA SECUENCIA DIDÁCTICA

- Se retomarán, a través de una conversación y diálogo didáctico, los aspectos personales y relacionales abordados en la secuencia anterior.
- A continuación se leerá el cuento *Patito Feo* de Christian Andersen recuperado de: bibliotecadigital.ilce.edu.mx/Colecciones/CuentosMas/PatitoFeo.pdf
- Se adaptará el cuento de acuerdo con el nivel de desarrollo cognitivo-socio-afectivo de los y las estudiantes. El cuento es un recurso potente y esencial en la vida infantil ya que le permite al niño o a la niña la imaginación de mundos posibles. Además suponen modelos simbólicos que ayudan a transitar y elaborar las vivencias personales, los miedos, las angustias, la incorporación de pautas morales. Como expresa (Bryant, 1995): "a veces nos dan las alas para poder llegar a alcanzar los sueños y otras nos sirven de apoyo para vencer los miedos".
- Se ambientará el lugar de la narración: se sugiere que se sienten en ronda con almohadones, luz tenue, música de fondo.
- Luego se analizará el cuento en función de los tres momentos de la metodología para la educación en valores: sensibilización; análisis, clarificación y jerarquización axiológica; y desarrollo para la acción moral.

a. Momento de sensibilización:

A partir de la lectura del cuento *El Patito Feo*, considerado en este caso, como modelo de sensibilización, se pretenderá que los y las estudiantes puedan identificar y vivenciar que los modos de vincularnos con el Otro influyen para que se genere un clima saludable de convivencia. A continuación, aparecen algunos aspectos conceptuales que podrán tenerse en cuenta a la hora de poner en práctica este momento.

En este sentido se hará notar que cuando se marcan las diferencias individuales y esas diferencias se transforman en desigualdades al interior de un grupo, traen aparejadas, en varias oportunidades, situaciones de violencia o de *bullying*. Por lo tanto, podremos observar que las diferencias corporales, gestuales, funcionales, emocionales, o psicológicas, es decir, esos rasgos identitarios de la individualidad que determinan la diferencia con el resto de los iguales o normales, son muchas veces los desencadenantes de conductas de violencia, agresiones, indiferencia, insultos y hasta golpes. Como consecuencia de estos actos aparecen las víctimas del *bullying* que sienten tristeza, soledad, desdicha y sumisión.

Además, se mostrará que el desentendimiento de las personas adultas que rodean a la víctima hacen que esta última decida quitarse del medio ya que se siente culpable por su propia infelicidad y por los problemas que causa a su alrededor. Esta visión un tanto distorsionada de la realidad, a veces lleva a la víctima. A continuación, ausentarse del colegio, escaparse de casa y / o tomar otras medidas más graves.

b. Momento de análisis, clarificación y jerarquización axiológica:

A partir de este momento el análisis trasciende el cuento y se transfiere al aula. Se sugiere abrir un debate con el grupo clase para propiciar la crítica de posturas, de elección de valores, de actitudes y de normas que orienten modelos de conductas personales y sociales.

c. Momento de desarrollo para comenzar a poner en práctica las acciones morales:

En este momento del proceso ya surgieron los conflictos planteados por el estudiantado con respecto al tema en cuestión, la crítica y el examen de valores. Ahora es momento de realizar intervenciones y plantear líneas de acción en el aula y en la escuela con respecto al *bullying*. Se buscarán metodologías de cooperación y participación que tengan en cuenta a los y las estudiantes como protagonistas necesarios/as del proceso.

Se sugiere que luego de poner en práctica las acciones morales, se expresen vivencias, emociones y/o sentimientos a través de los múltiples lenguajes como pueden ser: la música, las expresiones plásticas o literarias.

TERCERA SECUENCIA DIDÁCTICA

- Se propondrá jugar al *está permitido-está prohibido*. Se dividirá el curso en dos grupos. Cada uno formará una fila y se ubicarán detrás de una línea. Cada grupo deberá completar las listas que se encuentran en el pizarrón o en el suelo, con los títulos:

EN EL AULA		EN EL RECREO		EN LA ESCUELA	
Está permitido ...	Está prohibido ...	Está permitido ...	Está prohibido ...	Está permitido ...	Está prohibido ...

- Se sugiere que esta actividad se realice al aire libre. El juego concluirá cuando cada grupo haya completado las tres listas.
- Luego se regresará al aula con las listas completas y se reflexionará acerca de lo siguiente:
  - a. ¿Qué coincidencias encuentran acerca de lo permitido?
  - b. ¿Qué coincidencias encuentran acerca de lo prohibido?
  - c. ¿Hay alguna respuesta de otro grupo que les llamó la atención?
  - d. ¿Por qué creen que hay acciones que están permitidas y otras que están prohibidas?
  - e. ¿Quiénes creen que deciden sobre lo que está permitido y lo que está prohibido?

- A continuación se propone que cada estudiante extraiga de *Cajas Sorpresa*, sin mirar, personajes de la historieta de Mafalda. Si los o las estudiantes no conocen la historieta, se torna imprescindible explicar: quién es Mafalda, ¿quién la creó?, ¿cuándo surgió?, ¿qué otros personajes la acompañan?, ¿en qué tipo de texto aparece?, ¿cuál es la forma en cómo está escrito ese texto?, ¿qué función tiene?, ¿qué trama tiene?

- Se trabajará en una hoja lisa de tamaño A4 y se colocarán los personajes que fueron extraídos de las *cajas sorpresa*. Luego se dibujarán los globos correspondientes para crear el diálogo entre los personajes de la historieta. ¿Qué podría decir cada personaje sobre lo que está permitido y está prohibido en el aula, en el recreo o en la escuela?, ¿qué tipo de globos utilizarían de acuerdo con lo que expresa el texto escrito para hablar, pensar, gritar?
- Una vez creadas las historietas los y las estudiantes se sentarán en ronda para leerlas y comentarlas.
- Se retomará el concepto de convivencia que comenzó a construirse en la primera secuencia y se introducirá el concepto de normas y la necesidad de su cumplimiento para una convivencia positiva.
- Se sugiere que ambos conceptos, convivencia y normas, elaborados en forma conjunta, sean escritos en el pizarrón a partir del dictado de los y las estudiantes a la o el docente.
- Una vez elaborados los dos conceptos, se interrogará acerca de lo siguiente:
    a. ¿Qué significa convivir con mi grupo en la escuela?
    b. ¿Cómo se logra una convivencia positiva?
    c. ¿El respeto por las normas influye en una convivencia positiva?
    d. ¿Para qué creen que sirven las normas?
    e. ¿En todos los ámbitos de nuestras vidas, encontramos normas?, ¿cuáles conoces?
    f. ¿Quiénes establecen las normas?

g. ¿Solamente las autoridades pueden establecer normas?

h. ¿Las autoridades tienen que cumplir las normas que establecen?

i. ¿Qué tipos de normas creen que regulan la convivencia en el aula?, ¿cuáles son sus características y cómo se sanciona su incumplimiento?

• Se solicitará que investiguen en los libros de texto existentes en la biblioteca de la escuela, con ayuda de la o el docente o de la bibliotecaria, qué otro tipo de normas existen.

• Se leerá, analizará el material bibliográfico.

• Se comentará y se ejemplificará oralmente los otros tipos de normas como pueden ser las sociales, las religiosas, las morales, las jurídicas.

• Luego, como cierre de la secuencia, se construirá colaborativamente un mapa conceptual, en formato papel o *cmap tool* con la información obtenida.

CUARTA SECUENCIA DIDÁCTICA

• En grupos, se elaborará una lista de normas de convivencia para el grupo clase, teniendo en cuenta las situaciones conflictivas que se plantean cotidianamente y ya trabajadas en clases anteriores. Este planteo grupal es necesario para la eficacia de su cumplimiento ya que los y las estudiantes aunque sean pequeños, suelen tener mayor capacidad de compromiso (no obediencia) si son ellos/as mismos quienes deciden sobre las pautas de convivencia y la resolución de conflictos

• Para elaborar esta lista de normas de convivencia, se puede considerar lo siguiente:

a. Las normas deben contemplar la relación entre estudiantes; la relación entre estudiantes y docentes, entre estudiantes, y personal de la escuela, entre estudiantes y el aula como espacio público.

b. Se fundamentará por qué son necesarias esas normas y por qué es importante respetarlas.

c. Se plantearán acciones reparadoras positivas para quienes no respeten las normas elaboradas.

- Se propiciará un debate sobre lo elaborado por cada grupo para socializar las ideas
- Se elaborará entre todos una única lista con las normas de convivencia para este grupo-clase.
- Se construirá un cuadro de tres columnas. En la primera columna, se incluirán las normas creadas. En la segunda, la fundamentación de cada una de ellas y en la tercera, la acción reparadora positiva.
- Se podrá armar un rotafolios áulico con la información del cuadro. Este recurso permitirá la relectura y la reescritura constantes de acuerdo a las necesidades que vayan surgiendo. Además. se sugiere la creación de rotafolios individuales para que cada estudiante pueda consultarlo y modificarlo en caso de ser necesario.
- Se producirá y editará un video dando a conocer las normas que se han elaborado fundamentando la importancia de cada una de ellas. Para hacerlo se podrá utilizar *moviemaker*. Se sugiere subir esta producción al blog institucional o a alguna red social que utilice la comunidad escolar.

OTRAS SUGERENCIAS Y VARIANTES

- Se podrán organizar talleres sobre inteligencia emocional con profesionales afines a la temática/problemática de la convivencia escolar.
- Se podrán crear cuerpos colegiados, como pueden ser consejo de curso, aula o turno para transmitir, ejercitar e incorporar modos de convivencia relacionados con la práctica democrática.
- El cuento del *Patito Feo* podrá trabajarse desde un Teatro de sombras en el que los personajes representen expresiones corporales de convivencia positiva y de conflictos en la convivencia. Además se sugiere realizar esta actividad con música y sonidos de fondo.
- Se podrá implementar la circulación de un buzón de normas de convivencia: para participar en la vida escolar y así mejorar la convivencia y la calidad de vida.

- Se podrá presentar el Análisis de Casos (con todos los actores institucionales como protagonistas) de situaciones escolares que permitan analizar y reflexionar sobre la construcción de convivencia en el aula.

PÁGINAS WEB CONSULTADAS

ALONSO, E. y AVILÉS MARTÍNEZ, J. (2009) Análisis del bullying a través de la adaptación de un cuento infantil tradicional. Propuestas de trabajo en el aula. *Amazónica. Revista de Psicopedagogía, Psicología Escolar y Educación*. Vol. 2. Nº 1. Manaos: Edua. Recuperado de https://dialnet.unirioja.es/servlet/articulo?codigo=4030092

ALONSO, M., CARPENTIERI, Y. y STORNI, C. (2011) *Normas de convivencia en el aula.* Educ.ar. Recuperado de https://www.educ.ar/recursos/14457/normas-de-convivencia-en-el-aula

ANDERSEN, H. (s.f). *El patito feo*. Edición digital. Derechos Reservados. Biblioteca Digital. Recuperado de http://bibliotecadigital.ilce.edu.mx/Colecciones/CuentosMas/PatitoFeo.pdf

BERRA BORTOLOTTI, M. y DUEÑAS FERNÁNDEZ, R. (s.f).Convivencia escolar y habilidades sociales. *Educrea.* Recuperado de https://educrea.cl/convivencia-escolar-y-habilidades-sociales/

IANNI, N. (2003). La convivencia escolar: una tarea necesaria, posible y compleja. *Monografías virtuales Ciudadanía, democracia y valores en sociedades plurales.* OEI. Recuperado de www.oei.es/historico/valores2/monografias/monografia02/reflexion02.htm

TEMA/PROBLEMA:
Vínculos violentos en la convivencia escolar
SEGUNDO Y TERCER CICLO DEL NIVEL PRIMARIO
ÁREAS INTEGRADAS: Formación Ética y Ciudadana,
Lengua, Plástica, Informática

FUNDAMENTACIÓN
Para todos los que trabajamos en el campo de la educación, las situaciones de conflicto que tienen lugar en las escuelas se han vuelto un tema de constante preocupación. Los modos violentos en los que muchas veces se solucionan los conflictos interpelan a la comunidad educativa en su conjunto. La visibilidad y recurrencia que ha adquirido este fenómeno en los últimos tiempos, nos convoca a un ejercicio de reflexión en torno al concepto de violencia, y en particular en relación a la violencia en las escuelas. Asimismo, es ineludible el debate sobre el lugar que le toca a la escuela en relación con esta temática. Esto implica pensar en términos no sólo de responsabilidades, sino de posibilidades e imposibilidades. Se trata de pensar, entre todos –docentes-directivos-alumnos-familia– qué puede hacer la comunidad educativa en relación a los hechos de violencia que tienen lugar en la institución, ya sea la escuela, como la generadora de estas situaciones, o como la caja de resonancia de factores externos del contexto en el cual está inserta. Y en este sentido, debe trabajarse sobre la cultura docente y la cultura institucional para generar mayores prácticas democráticas en la escuela.

La Formación Ética y Ciudadana ofrecerá herramientas necesarias a la hora de pensar y analizar esta problemática. A su vez es un espacio para conocer y poner en práctica las normas que regulan la convivencia en el aula y a nivel social. Por otro lado, esta área aporta conocimientos necesarios acerca de las consecuencias que el incumplimiento de esas normas puede traer aparejado.

CONCEPTOS CLAVES: Otros, vínculos, violencia, tipos de violencia, conflicto, normas, sanciones, *cyberbullying*.

PRIMERA SECUENCIA DIDÁCTICA

- Se propondrá a los y las estudiantes que sean "buscadores" de expresiones, inscripciones y leyendas de bancos, pizarrones, libros, baños, paredes de las aulas y de la escuela, frente de la escuela que manifiesten relaciones violentas.
- Posteriormente, recorrerán el barrio de la escuela o la manzana de la misma (de acuerdo al lugar de inserción de la escuela), observarán y registrarán expresiones, grafitis, dibujos e imágenes en paredes, veredas, calles y espacios públicos que reflejen los vínculos violentos en relación con la escuela.
- Los registros de las expresiones e inscripciones se realizarán a partir de fotografías con cámaras o celulares. Se sugiere el acompañamiento de algún adulto responsable en caso de ser necesario.
- A partir del material recogido, se habilitará la reflexión en el aula a partir de los siguientes interrogantes:
    a. ¿Por qué cada uno eligió esas inscripciones fotografiadas?
    b. De acuerdo con el contenido de los mensajes, ¿qué aspecto/s de la realidad reflejan?
    c. ¿Qué semejanzas y diferencias existen entre las expresiones del interior de la escuela con las del exterior de la misma?
    d. ¿Con qué propósitos piensan Uds. que los estudiantes tienen esta forma de manifestarse?, ¿qué connotaciones expresan?
    e. ¿Qué modos de vinculación se pueden inferir?, ¿aparecen estereotipos de género en esos modos de vinculación?
    f. ¿Aparecen prejuicios vigentes en los discursos cotidianos en el aula?, ¿qué valoraciones conllevan?
    g. ¿Cómo se manifiesta la relación con el "Otro"?

- Luego se realizarán las primeras aproximaciones al concepto de violencia con palabras, frases, expresiones gráficas, con el cuerpo, con elecciones musicales (letras y músicas de canciones), con máscaras de teatro.
- Posteriormente se solicitará a un grupo de estudiantes la búsqueda de información sobre el tema violencia en distintos soportes textuales analógicos, y a otro grupo se le pedirá

que indague en soportes textuales virtuales. La docente podrá sugerir o no las fuentes de información a consultar.

- Se conversará, dialogará, interrogará, reflexionará sobre el material aportado por los estudiantes con referencia a los tipos de textos, formatos textuales, funciones, tramas. Se interpretará y se analizará el contenido. Se determinará la veracidad bibliográfica.
- En una jornada posterior se invitará a las familias a la escuela para debatir sobre la temática en cuestión. Se sugiere grabar esta instancia o realizar un registro escrito para analizar la diversidad de opiniones.
- Se comenzará con el diseño de una revista en formato papel o en formato digital.
- Las primeras actividades para llevar a cabo la confección de la revista pueden ser:
- Se seleccionarán algunas fotografías tomadas del interior de la escuela y del barrio de la escuela y/o ciudad.
  a. Se escribirá debajo de cada fotografía un epígrafe o pie de imagen que oriente la comprensión.
  b. Se recuperarán las primeras aproximaciones al concepto de violencia (palabras, frases, collage, canciones, representaciones gráficas). Se las insertará en el cuerpo de la revista.
  c. Se recuperará la información obtenida de fuentes bibliográficas analógicas y digitales y se la pegará en el cuerpo de la revista.

SEGUNDA PROPUESTA DIDÁCTICA

- El o la docente filmará una serie de situaciones escolares: la formación y organización de horario de entrada y de salida, izamiento y arrío de la bandera, los recreos, clases de Educación Física, Música, otras.
- Se visualizarán estos videos y se analizarán las situaciones escolares filmadas, haciendo hincapié en los modos de vincularse, en los discursos, el vocabulario empleado, las expresiones, los gestos. El objetivo es rastrear situaciones de agresión física, gestual o verbal.

- Luego se propondrá la dramatización de algunos de los episodios conflictivos analizados. Para ello se deberán identificar
  las causas del conflicto, los protagonistas que intervienen, las
  actitudes mediadas por palabras o gestos y las consecuencias
- Para cerrar la actividad se propone repartir caratulas blancas y
  fibrones para que cada uno de los estudiantes exprese a partir
  de palabras, frases o dibujos, las emociones y sensaciones que
  lo atravesaron al visualizar estos conflictos. Además se fomen-
  tará la reflexión en torno a la importancia de la mediación, el
  diálogo y los acuerdos.
- Para continuar con la confección de la revista se pueden retomar estos trabajos y volcarlos en la sección anexo.

TERCERA PROPUESTA DIDÁCTICA

- Se propondrá una investigación grupal sobre la vida y la obra
  de algunos referentes de la lucha contra la violencia. Pueden
  ser: Nelson Mandela, Ana Frank, John Lennon, Martin Luther
  King, Mahatma Gandhi.
- Se leerán los informes y se corregirán.
- Se comenzará a organizar una muestra en la que se exhibirá
  toda la información recolectada. Para ello, se diagramará
  la distribución de stands temáticos. En cada uno de ellos se
  expondrán las imágenes de los referentes, su biografía, las
  acciones destacadas en la lucha por la no violencia y las
  represalias recibidas por esta lucha. Además se podrán diseñar
  señaladores para entregar al público visitante (toda la comunidad educativa, otras escuelas, otras instituciones sociales)
  que contenga una fotografía y la biografía del referente. La
  muestra también puede incluir presentaciones audiovisuales.
- Toda la información recolectada acerca de los referentes analizados se puede incorporar a la revista.

CUARTA PROPUESTA DIDÁCTICA

- Se propondrá que los y las estudiantes les pidan a sus familias
  que escriban anécdotas anónimas sobre algunas experiencias
  de sus vidas en las que crean que hayan sido víctimas o testigos de situaciones de violencia escolar (física, simbólica).

- Luego se leerán y analizarán las mismas de forma arbitraria sin necesidad de dar a conocer los autores.
- La docente mostrará imágenes de escenas violentas que hayan sucedido en el ámbito escolar.
- Se analizarán las mismas desde la función estimuladora e informativa de las imágenes. A modo de ejemplo se presenta la siguiente guía de preguntas:
    a. ¿Qué representan cada una de las escenas?
    b. ¿Qué lugares se destacan en las imágenes?
    c. ¿Por qué creen que estas prácticas suceden en las escuelas?
    d. ¿Cómo crees que pueden reaccionar los niños y las niñas ante estas situaciones?
    e. ¿Qué objetivos creen que tienen los medios de comunicación al mostrar estas imágenes?

- Una vez analizadas las anécdotas familiares y las recientes imágenes, se podrá indagar acerca de las transformaciones y continuidades entre los modos de la convivencia escolar actual y los modos de convivencia escolar de las familias. Estas continuidades y transformaciones podrán surgir y ser puestas en cuestión a través de los siguiente interrogantes que faciliten la reflexión colectiva:
    a. ¿Cómo se manifestaban los vínculos violentos en otras épocas?, ¿y en la actualidad?
    b. ¿Qué repercusiones familiares y sociales tenían estos vínculos violentos?, ¿y en la actualidad?
    c. ¿Qué medidas se tomaban en las escuelas ante estas situaciones?, ¿qué sucede en la actualidad?

- A continuación aparecen en escenario las redes sociales y los medios masivos de comunicación. Se podrá dirigir la mirada hacia los vínculos violentos que se manifiestan en: páginas de internet, *facebook*, *instagram*, *twitter*, *whatsapp*, programas de televisión, noticieros, artículos periodísticos, etc. Se solicitará que busquen y observen con sus familiares aquellas situaciones violentas que atraviesan el ámbito escolar y que se ven expresadas, publicadas y mediatizadas por dichos medios y recursos. Se muestran algunos ejemplos a continuación:

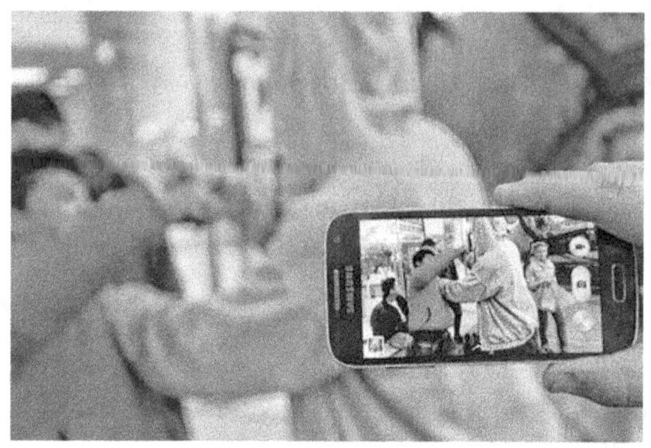

FUENTE: http://www.lanueva.com/upload/news/jponte/2017/06/59336cb36226c_large.jpg

FUENTE: https://elchorrillero.com/nota/wp-content/uploads/2017/09/madres-wsap.jpg

Investigan un caso de violencia escolar de una maestra a un alumno de 7 años que se hizo pis

Lo denunció la madre del niño, quien no quiere regresar a clase porque la docente no fue separada de su cargo

Fuente: http://www.infoban.com.ar/despachos.asp?cod_des=85837&ID_Seccion=1

- Luego estos materiales se analizarán en clase de acuerdo con los siguientes aspectos:
    a. Las representaciones sociales: ¿quiénes son los actores sociales?, ¿cuál es el contexto social, económico y cultural?, ¿qué situaciones se representan?, ¿cuáles son sus causas y consecuencias?
    b. Las representaciones mediáticas: ¿cómo se representa la realidad en los medios masivos de comunicación y en las redes sociales?, ¿cómo se realiza el tratamiento de la información? El mismo hecho social, ¿se aborda de la misma manera en distintos medios de comunicación?, ¿por qué?
    c. La imagen: ¿representa la realidad?, ¿cuáles serán las intenciones que hay detrás de cada imagen?, ¿cuántas interpretaciones pueden darse de una misma imagen?, ¿qué lugares ocupan el emisor y el receptor de esta imagen?
    d. Los receptores del mensaje: ¿quiénes son?, ¿cómo reciben e interpretan ese mensaje?, ¿qué rol juega el contexto del receptor, sus conocimientos previos, sus experiencias y su vida cotidiana en la lectura de ese mensaje?

- Para cerrar esta secuencia, se incentivará a una reflexión colectiva acerca del tratamiento de la violencia en las redes sociales y en los medios masivos de comunicación. Se propiciará el clima áulico para que se expresen sentimientos y emociones referidos a los distintos aspectos que connotan y denotan los vínculos violentos en la escuela.

QUINTA SECUENCIA DIDÁCTICA

- Se presentará y se leerá en pequeños grupos el siguiente artículo periodístico:

El trauma ocasionado por las noticias violentas en internet

Por TEDDY WAYNE 18 de septiembre de 2016

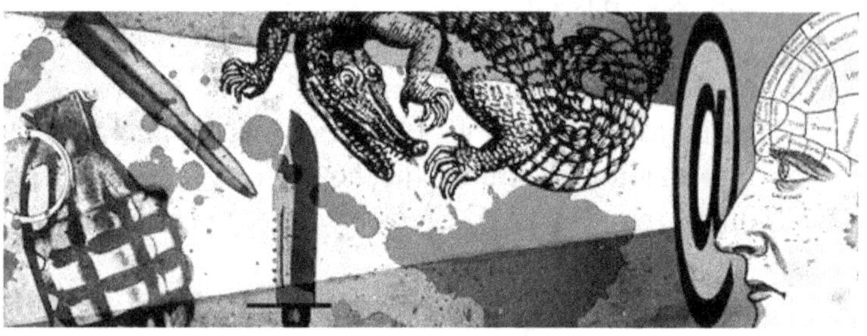

"El mundo siempre ha sido un desastre", declaró Obama en 2014 después de una serie de terribles sucesos noticiosos. "Apenas nos estamos dando cuenta gracias a las redes sociales".

Ante la reciente ola de videos sobre violencia policíaca en contra de personas negras en Estados Unidos, varias personas han comentado que esos episodios han sucedido desde hace tiempo pero solo últimamente los teléfonos inteligentes han facilitado que se documenten visualmente.

Las redes sociales también han comenzado a desempeñar un papel predominante en la transmisión de tragedias. La aplicación, por ejemplo, ha divulgado contenido espeluznante como la violación de una adolescente de Ohio y un suicidio en Francia.

El efecto en la audiencia puede ser traumático. Históricamente los medios de comunicación tradicionales han mostrado imágenes gráficas y videos horribles, como algunos ataques terroristas o la golpiza propinada a Rodney King en 1991.

Sin embargo, hay varias razones para sospechar que el impacto emocional de tales imágenes en las redes sociales o de las noticias provenientes de internet es distinto, y quizá más duradero, que el de las anteriores fuentes de comunicación.

El contacto con la violencia a través de cualquier medio puede conducir ocasionar lo que se conoce como trauma vicario y puede ser, para ciertas personas, más sobrecogedor que una experiencia inmediata.

En un estudio publicado en 2013 en la revista PNAS, se compararon los síntomas de estrés agudo de quienes tuvieron una "exposición directa" al ataque en el Maratón de Boston de ese año (ya fuera que hubieran estado presentes en el lugar o en el área de Boston, o que conocieran a alguien que vivió eso) con los de aquellos que solo estuvieron expuestos a través de los medios. Las personas expuestas a seis o más horas diarias de noticias relacionadas con el ataque desarrollaron niveles más altos de estrés agudo que quienes estuvieron expuestos directamente.

"A diferencia de la exposición directa a un trauma colectivo, que puede terminar cuando la fase álgida del evento pasa, la exposición mediática mantiene activo el estrés agudo y lo revive en la mente de las personas", concluyó el estudio. "La exposición mediática repetida puede contribuir al desarrollo de trastornos relacionados con el trauma y prolonga o exacerba los síntomas agudos".

Estos hallazgos no distinguían entre los tipos de medios de comunicación. En un estudio presentado en la conferencia anual de 2015 de la Sociedad Británica de Psicología, Pam Ramsden, una conferencista de la Universidad de Bradford, encontró que casi un cuarto de los participantes que vieron imágenes y videos de sucesos noticiosos inquietantes en las redes sociales, incluyendo los del 11 de septiembre, tiroteos en escuelas y ataques suicidas con bombas, reportaron síntomas que coinciden clínicamente con los del trastorno de estrés postraumático.

Ramsden señaló en su presentación que la principal diferencia entre las noticias tradicionales y las de las redes sociales, es que las últimas "han permitido que el público vea historias violentas e imágenes gráficas con terribles detalles que no fueron editados".

Mientras las generaciones más jóvenes evitan la televisión y los medios impresos, su única exposición a las noticias puede ser internet, a menudo a través de las que aparecen en las redes sociales. No obstante, mientras que las emisiones en las noticias tradicionales seguramente presentan un aviso de precaución antes de transmitir las imágenes gráficas o deciden censurar el contenido más ofensivo, tales medidas se ignoran con frecuencia en internet, en especial cuando las transmiten individuos y emisoras no muy establecidas.

Facebook cuenta con un ejército de moderadores de contenidos, pero no pueden lograr que no se cuele ni una sola imagen o video aterradores. Esta red social también tiene una política ambigua cuando se trata de videos violentos, que los permite (ahora con un aviso de precaución que impide su reproducción automática) siempre y cuando los usuarios los "condenen" en lugar de "celebrarlos" (dos verbos altamente subjetivos).

Una distinción clave entre consumir noticias en internet y hacerlo en medios impresos o la televisión es el acceso constante y la capacidad de quedar sumido en un pantano en el primer caso, como demuestra el estudio sobre el Maratón de Boston.

Ni siquiera las cadenas noticiosas que trabajan las 24 horas son un paralelo del flujo casi infinito de internet donde incontables fuentes, con o sin acreditación, proporcionan a los obsesos un abastecimiento infinito de material, y la tecnología moderna entrega terabytes de datos crudos de primera mano. Si el asesinato de Kennedy sucediera hoy, no estaríamos examinando la grabación única y de baja definición de Zapruder, sino que tendríamos una gran cantidad de videos tomados en teléfonos inteligentes desde todos los ángulos, y miles de tuits escritos por testigos oculares.

Además, la yuxtaposición entre el contenido estándar en las redes sociales y las imágenes violentas es profundamente discordante. Si entramos a Facebook para ver videos de gatos y fotos de bebés, pero encontramos una imagen perturbadora, no estamos emocionalmente preparados para ello y su aparición en medio del contenido frívolo y alegre puede ser trastornador, como un recordatorio sombrío de que la misma especie que rutinariamente produce niñitos adorables también es responsable del Estado Islámico.

Aunque es cierto que se requiere cierto grado de voluntad para encender la televisión y mirarla, y aún más para abrir una publicación noticiosa impresa y leerla, hasta cierto punto nuestro libre albedrío como consumidor estaba limitado a los medios tradicionales de las épocas pasadas. Las noticias se presentaban en momento específicos, como la mañana y la noche, semanal o mensualmente, y tenían una duración limitada, suficiente para llenar un periódico, revista o una emisión de 30 minutos. Lo más seguro es que nos quedemos con las publicaciones a las que nos suscribimos y los noticieros que vemos normalmente, y que recibamos sus imágenes de manera pasiva.

En cambio, en internet seguimos de manera activa a redes con vínculos más complejos por lo que, a menudo terminamos en sitios sensacionalistas que nunca antes habíamos visitado. La fotografía de un civil muerto en la primera plana de un periódico impreso no puede evitarse si estamos suscritos a ese periódico, y verla no implica que queramos buscar una imagen de muerte.

Por el contrario, buscar deliberadamente o darle clic a un vínculo que sabemos que nos enviará a la misma imagen sí lo implica (en especial si hay un aviso de precaución). En cierto nivel, es posible que nos enfermen nuestros propios deseos repugnantes tanto como la inhumanidad desplegada. El aforismo 146 de *Más allá del bien y del mal*, de Nietzsche, reza: "Quien con monstruos lucha cuide de no convertirse a su vez en monstruo. Cuando miras largo tiempo a un abismo, también éste mira dentro de ti".

FUENTE: https://www.nytimes.com/es/2016/09/18/
el-trauma-ocasionado-por-las-noticias-violentas-en-internet/

- Se analizará e interpretará el contenido del artículo considerando los siguientes aspectos:
    a. ¿Por qué creen que el autor afirma que "las redes sociales también han comenzado a desempeñar un papel predominante en la transmisión de tragedias"?
    b. ¿Qué creen que el autor quiere decir con que "el efecto en la audiencia puede ser traumático"?
    c. ¿Con qué objetivos el autor trae a colación el estudio que afirma que "una distinción clave entre consumir noticias en internet y hacerlo en medios impresos o la televisión es el acceso constante y la capacidad de quedar sumido en un pantano en el primer caso"?

- Luego se comenzarán a diseñar campañas de promoción de vínculos saludables en la comunidad educativa. Para esto cada grupo puede seleccionar una red social para publicar anuncios; un programa de radio y/o televisión local para hablar del tema, para realizar entrevistas, para presentar algún spot publicitario; las carteleras escolares para expresar mensajes; el diseño de folletería. Esta campaña de promoción puede llevar como nombre *El cyberbullying, un recurso peligroso*.

* Como actividad de cierre, se concluirá con el diseño y la elaboración de la revista digital o analógica. La misma podría venderse a beneficio de la cooperadora escolar, viajes educativos u otras actividades escolares.

OTRAS SUGERENCIAS Y VARIANTES

* Se podrá trabajar junto a las familias (puede ser con la presencia de algún profesional especializado en violencia), en una reunión plenaria o en la oportunidad que la docente disponga, la lectura y análisis de la Ley Nacional N° 26.892 para la promoción de la convivencia y el abordaje de la conflictividad social en las instituciones educativas. Se sugieren los siguientes interrogantes para su análisis: ¿Qué concepción de sanción subyace?, ¿qué derechos son consagrados?, ¿cómo contribuye al abordaje de la violencia en las escuelas?
* Se podrán proyectar fragmentos de películas en los que se observan situaciones violentas. A modo de ejemplo: *Los Coristas; Cero en conducta; Infancias destruidas, huellas que perduran durante toda la vida; Sobre aquello que no es visible a simple vista*.
* Se podrán leer y analizar cuentos infantiles como *La Bella y la Bestia; Patito Feo; Dumbo, el elefante de las orejas grandes*, entre otros.

BIBLIOGRAFÍA Y PÁGINAS WEB CONSULTADAS

Flores Fernández, J. y Casal Lodeiro, M. (s.f). *CiberBullying. Guía rápida para la prevención del acoso por medio de las nuevas tecnologías*. País Vasco: Ararteko. Recuperado de http://www.ararteko.net/RecursosWeb/DOCUMENTOS/1/1_1218_3.pdf

Imberti, J. (comp.) (2003) *Violencia y escuela. Miradas y propuestas concretas*. Buenos Aires: Paidós.

Ley para la promoción de la convivencia y el abordaje de la conflictividad social en las instituciones educativas N° 26892 (2013) Buenos Aires: Cámara de senadores y cámara de diputados de la Nación Argentina. Recuperado dehttp://www.psi.uba.ar/academica/carrerasdegrado/psicologia/sitios_catedras/obligatorias/041_educacional2/material/descargas/ley_26892_promocion_convivencia_inst_educ.pdf

ONETTO, F. (coord.) (2010) *Consejos escolares de convivencia. Cuadernillo de trabajo para las escuelas*. Buenos Aires: Ministerio de Educación de la Nación. Recuperado de http://www.oei.org.ar/lineas_programaticas/documentos/valores/Cuadernillo_Consejos_Escolares_Convivencia.pdf

PROPUESTA DIDÁCTICA Nº 5

TEMA/PROBLEMA:
La Educación Vial, en tránsito hacia un cambio de actitudes
PRIMERO, SEGUNDO Y TERCER CICLO DEL NIVEL
PRIMARIO
ÁREAS INTEGRADAS: Formación ética y ciudadana,
Lengua Informática, Plástica, Música

FUNDAMENTACIÓN
Nuestro país está siendo atravesado por situaciones
relacionadas a la inseguridad vial, problemática que se
constituyó en la pri-mera causa de muerte de jóvenes y
adolescentes en Argentina. En este sentido, la escuela, la
sociedad y el Estado se deben inte-rrelacionar para generar
acciones conjuntas que contribuyan a la construcción de una
conciencia ciudadana responsable.

El Estado es el encargado de diseñar un sistema de tránsito
de circulación eficiente y segura, de garantizar las condiciones
mínimas de movilidad, de hacer respetar la normativa vigente,
de ejercer el control y la sanción en los casos de
incumplimiento de la misma.

Las instituciones educativas, tienen la necesaria tarea de
des-naturalizar lo instituido en la sociedad sobre el sentido
común de la vialidad. Por lo tanto, nos convoca e interpela a
ocuparnos de las condiciones subjetivas que contribuirán a
que las expe-riencias de tránsito formen parte de una cultura
de convivencia ética, a construir nuevos criterios y modos más
seguros de vin-cularnos con el espacio vial.

La propuesta didáctica que aquí presentamos reconoce estos
puntos de partida y pretende profundizarlos desde el abordaje
teórico y metodológico sobre la educación vial escolar en el
marco de la formación ciudadana.

CONCEPTOS CLAVES: espacio público, accidente, tránsito, trilo-
gía vial, normas de seguridad vial.

PRIMERA SECUENCIA DIDÁCTICA

- Se creará el ambiente adecuado para la escucha de *Testimonios de ida y vuelta* en voz en off. Los y las estudiantes puede estar sentados en ronda en almohadones, con luz tenue, con velas, y los audios se escucharán de manera grupal.
- Luego se les entregará una copia en formato papel.
- Se reunirán en parejas y responderán a las preguntas sugeridas para el análisis de cada testimonio. Además, se incentivará a la reflexión sobre las acciones y decisiones de los actores involucrados en cada testimonio.

Primer Testimonio: Soy el abuelo de Ana, me gusta tomar mate por las tardes en la vereda de mi casa mientras tanto echo un vistazo a los chicos del barrio que están aprendiendo a andar en bicicleta y a veces juegan a la pelota en la calle. Porque sé que corren peligro; ellos están muy confiados en que no hay demasiado tránsito, pero en realidad, el tránsito está cada vez más complicado. Hace veinte años que soy remisero y en la actualidad, como nunca antes, me preocupa el tránsito, el tránsito se volvió difícil. Vivo estresado, la gente no respeta las señales de tránsito, ni las normas de seguridad vial...

   a. ¿Cómo piensan que termina esta historia?

   b. ¿A qué creen que hace referencia el abuelo de Ana cuando dice "el tránsito se volvió difícil"?

   c. ¿Cómo circulan ustedes con sus bicicletas?

   d. ¿Qué peligros creen que puede ocasionar la fluidez del tránsito y el no respetar las normas?

Segundo Testimonio: Yo soy Marianela, les cuento que mi mamá me había prometido que cuando cumpliera diez iba a poder ir sola a la escuela. ¡Mañana es mi cumpleaños! Así que ya arreglé con María Eugenia y su hermano que es mayor, está en séptimo, para que nos encontremos antes de cruzar la ruta. La ruta es muy peligrosa, es muy transitada por vehículos y camiones. Por eso, por nuestra seguridad, hay señales de tránsito que se deben respetar, tanto por los peatones como por los conductores...

   a. ¿Cómo creen que termina este relato?

   b. ¿Qué precauciones tomarían Uds. si tienen que cruzar una ruta?

   c. ¿Qué normas creen que deben respetar los conductores?

Tercer Testimonio: Soy Agustín. Hoy, a la nochecita, termina un día de trabajo agotador. Estoy por subirme al auto para regresar a casa y disfrutar de estar con mi familia y mis amigos. Lo primero que pienso, es en el cinturón de seguridad. Aunque algunos conducimos unas pocas cuadras, otros hacen viajes más largo-lejos. Varios toman la ruta, otros la autopista. Pero a veces, yo creo que casi siempre todos estamos apurados por regresar. Para colmo, es viernes a la tarde. En un instante vuelvo a pensar, ¡ay, el cinturón de seguridad! Y también surgen los *peros* y *porques*, estoy apurado, estoy cansado, quiero llegar; todos están apurados y entonces...

    a. ¿Cómo imaginan que termina este relato?
    b. ¿Conocen, escucharon alguna historia similar?
    c. ¿Creen que algunos de sus familiares se sentirían identificados con Agustín?

Cuarto Testimonio: El accidente fue una tragedia, nuestra vida no volvió a ser la misma. Con las otras madres escribimos cartas, hablamos por la radio, por la televisión, hicimos campañas por las calles, marchas, nos reunimos con el intendente, asistimos a sesiones del concejo deliberante, hicimos de todo. Ahora, recién ahora, se colocaron semáforos en las esquinas de la escuela. Pero no podemos bajar los brazos porque falta la parte más difícil: la educación vial, el respeto por las normas de tránsito, en definitiva , nada más y nada menos, que aprender-enseñar- a ser ciudadanos responsables de nuestra propia vida y de la del Otro....

    a. ¿Qué reflexiones les merece esta historia?
    b. ¿Creen que en los horarios de entrada y salida de la escuela hay peligro en cuanto a nuestra seguridad en la calle?
    c. ¿Por qué?

- Se socializarán grupalmente las respuestas y se tomarán posiciones críticas.
- Posteriormente, los y las estudiantes se organizarán en distintos grupos, para buscar en diversos soportes textuales (diarios y revistas analógicas y digitales) textos informativos relacionados a problemáticas viales (accidentes de tránsito, incumplimiento de normas). Para ello se planificará la búsqueda, se seleccionará la información, se clasificará y por último se organizará la información.

- Luego se realizará una exposición por grupos del material informativo seleccionado y organizado con apoyatura de distintos organizadores gráficos que pueden ser: cuadros, mapa de árbol, esquemas, etc. La exposición puede ser guiada a partir de las siguientes preguntas: ¿qué sucedió?, ¿qué actores estuvieron involucrados?, ¿por qué sucedió ese hecho?, ¿qué consecuencias produjo?, ¿cómo se podría haber evitado?
- Luego de la exposición, se propiciará un debate, sobre los hechos analizados y sobre cualquier situación cotidiana de público conocimiento.
- A continuación se tendrán en cuenta los distintos aspectos intervinientes en la circulación prudente, analizando cada uno de los siguientes factores: humano, ambiental, vehicular. Se pondrán en cuestión: las pautas culturales, las normas y responsabilidad de conductores, peatones y pasajeros, los principios éticos en juego, la función de las autoridades públicas.
- Para cerrar esta secuencia, se elaborará con el o la docente una presentación de *powerpoint* para realizar una síntesis integradora sobre la información obtenida.

SEGUNDA SECUENCIA DIDÁCTICA

- Se presentará la siguiente afirmación:
Las formas de circulación existente, las normas de tránsito, los modos de manejarnos en el espacio vial no son naturales, son construcciones históricas y sociales.
- Luego se interrogará acerca de lo siguiente:
  a. ¿Qué aspectos destacarían de esta afirmación?
  b. ¿Existen diferencias entre lo natural y las construcciones sociales?, ¿cuáles?
  c. ¿Cuáles son las construcciones sociales y culturales respecto de la utilización del espacio vial?

- Posteriormente, se recurrirá al lenguaje simbólico que nos habla y nos interpela. Se presentarán las siguientes imágenes.

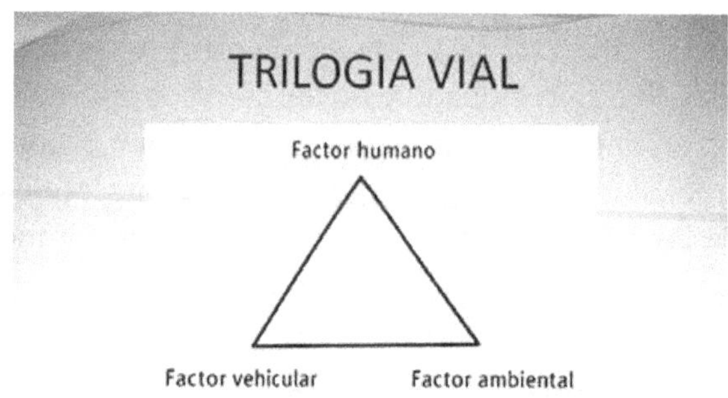

TRIANGULO DE LA VIDA

FUENTE: http://slideplayer.es/slide/3259592/

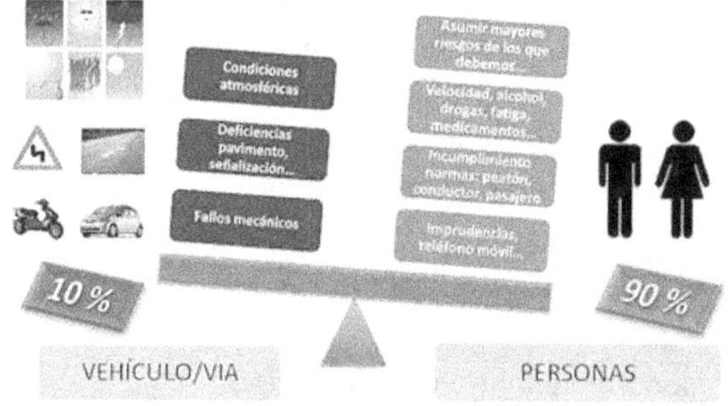

FUENTE: http://www.observatoriocrimvial.com/articulo1.html

FUENTE: http://blog.compreseguros.com/2016/08/
accidentes-entre-autos-y-bicis-cuales-son-los-mas-frecuentes/

- Se leerá cada una de las imágenes considerando: la función denotativa (elementos, personajes, colores, signos) y la función connotativa (el significado de la imagen, tipos de connotación: informativa, apelativa, expresiva intencionalidad).
- Posteriormente se indagarán conocimientos previos respecto de las señales de tránsito y su clasificación. Simultáneamente se presentarán carteles con las señales en forma simultánea al sondeo de ideas previas. Y se explicará qué son, para qué sirven, y en qué contextos aparecen.
- Se expondrá y explicará:

SEÑALES PREVENTIVAS: las señales preventivas tienen por objeto advertir al usuario de la vía, la existencia de un peligro y/o situaciones imprevistas de carácter permanente o temporal, indicándose su naturaleza. Estos letreros son amarillos con letras o símbolos negros y regularmente tienen forma de diamante.

SEÑALES DE ADVERTENCIA

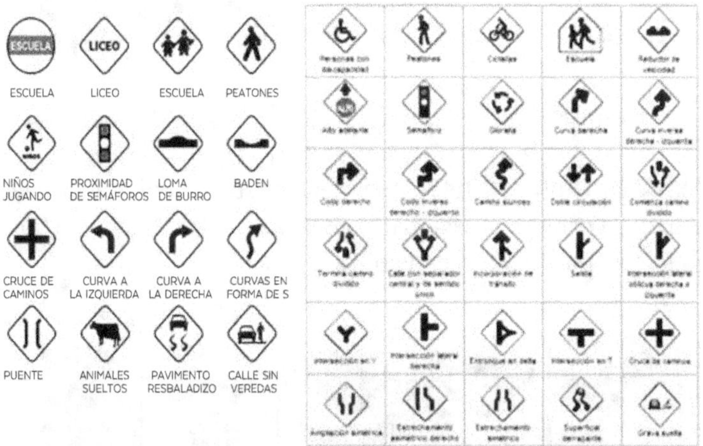

FUENTE: http://www.montevideo.gub.uy/transito-y-transporte/
educacion-vial/senales-de-transito

https://sites.google.com/site/normasdetransitoengativacm/
senales-de-transito-preventivas

SEÑALES REGLAMENTARIAS: las señales reglamentarias son también imperativas. Son rojas y el mensaje o símbolo en color negro. Su finalidad es indicar a los usuarios las limitaciones o prohibiciones que rige el tránsito en los sectores señalizados.

FUENTE: http://www.vialsa.com.ar/index.php/senales/viales/reglamentarias

SEÑALES TRANSITORIAS: Estas señales son de color anaranjado e indican cambios ocasionales en la vía o la presencia de trabajadores y maquinarias en la misma.

FUENTE: https://www.pruebaderuta.com/todo-sobre-las-senales-de-transito.php

SEÑALES INFORMATIVAS: Tienen por finalidad informar a los usuarios los antecedentes más indispensables e interesantes de la ruta. Estas señales tienen formas y medidas que dependerán de las condiciones de visibilidad de la ruta y de la magnitud de la velocidad que tenga la vía. Sus colores son fondo verde y letras y símbolos color blanco y otras son de fondo azul con letras blancas o íconos de color negro. Estas señales informativas indican, por lo general, orientaciones de las rutas, kilómetros, ciertos lugares de interés, hospitales, estadios, centros o plazas de armas, sitios históricos, etc.

FUENTE: http://www.monografias.com/trabajos82/
manual-capacitacion-brigadista/manual-capacitacion-brigadista2.shtml

FUENTE: http://www.vialidad.rionegro.gov.ar/?page_id=946

- Luego los y las estudiantes se organizarán en parejas para producir una guía turística a partir de un relato que narre el viaje desde la escuela, punto de partida, hasta un lugar imaginario, punto de llegada. Dicho relato debe incluir el recorrido del viaje y algunas señales de tránsito de la clasificación anterior.
- Se socializarán las producciones en el grupo clase y se extraerán conclusiones para cerrar la secuencia.

TERCERA SECUENCIA DIDÁCTICA

- Se propiciará un espacio para escuchar en la voz de los y las estudiantes a partir de los siguientes interrogantes: ¿qué problemas surgen a la salida de la escuela, con respecto al tránsito?, ¿y en la calle?, ¿por qué les parece que sucede?, ¿quiénes son los protagonistas de esas situaciones problemáticas?, ¿cuáles creen que son las causas de estas situaciones problemáticas?, ¿cómo los perjudica a Uds. esta modalidad de utilización del espacio vial?, ¿creen que están colocadas y/o marcadas todas las señales de tránsito que corresponden?, ¿creen que en general se respetan las normas de seguridad vial?
- Se discutirán y analizarán las situaciones y se plantearán posibles propuestas de solución.
- Luego se trabajará para desnaturalizar la rutina de traslado por las calles del pueblo o de la ciudad.
- Se les brindará pautas para centrar su atención como peatones y así contribuir a un desplazamiento más seguro.
- Se organizará la salida al barrio o ciudad, o a espacios que circundan a las escuelas urbanas, para que los y las estudiantes puedan hacer un relevamiento del tránsito, de los distintos actores y factores que intervienen en el espacio vial. Se organizarán en grupos y se les propondrá que observen a algún actor del sistema de tránsito (peatones, conductores o pasajeros) y los factores que inciden en sus acciones (vehicular, ambiental y humano). El objetivo será, por un lado, registrar las actitudes y/o situaciones de riesgo, y, por el otro, las actitudes y /o situaciones de prudencia que puedan observarse. Se formularán preguntas para orientar las observaciones, por ejemplo ¿qué actitudes manifiestan los que conducen?, ¿en qué condiciones están los autos?, ¿y los colectivos?, ¿hay otros vehículos?,

¿todos circulan igual por los distintos carriles?, ¿en qué estado se encuentran las calles?, ¿y las veredas?, ¿qué señales visuales o auditivas se pueden ver u oír?, ¿hay algún semáforo?, ¿cómo están pintadas las calles y los cordones de las veredas?, ¿quiénes circulan?, ¿cómo lo hacen o con qué medios?

- Se sugerirá filmar, con el debido permiso, situaciones observadas para "llevar a clase".
- De regreso a la escuela, se abrirá un espacio de reflexión y de socialización de los distintos grupos.
- Luego, se observarán las filmaciones y se sistematizará la información por escrito a partir de una narrativa.
- Se propondrá, el inicio de etapas de concientización. La primera consistirá en la producción de textos apelativos tales como, afiches, volantes y folletos, con el objetivo de comenzar a ejercer una ciudadanía activa, que trascienda la pura observación de normas.
- Se podrían diseñar tres volantes, afiches o folletos uno para los peatones, otro para los conductores y otro para pasajeros. Se favorecerá la reflexión de los y las estudiantes sobre transitar por los costados éticos, jurídicos y cívicos que están implicados en las situaciones de circulación del espacio vial en el que ellos y ellas viven. Además, se buscará construir distintas posibilidades para conducirse en estas situaciones, con menor riesgo y mayor respeto por la vida propia y del otro.
- Para cerrar la secuencia se podrá producir una canción con ritmo de rap (u otro) en la que aparezcan las normas de seguridad vial que involucran a las que los y las estudiantes como peatones.

CUARTA SECUENCIA DIDÁCTICA

- Se invitará a familiares que estén dispuestos a contar sus historias de ruta y caminos de ciudad o del pueblo (personas que viajan por su trabajo, que han sufrido accidentes viales, que salen a bailar a boliches de localidades vecinas, que viajan con hijos menores o bebés, etc.).
- Luego, de la narración de historias, se planteará:
    a. Factores de riesgo y sus consecuencias (conducción bajo los efectos del alcohol, no utilización del cinturón de

seguridad, no utilización de cascos de motociclistas, no utilización de sistemas de retención para niños y el exceso de velocidad, uso del celular en peatones y conductores que interactúan negativamente y con mayor incidencia en la seguridad vial).

    b. Pautas de prevención de la seguridad vial.

- Luego se reflexionará junto a los y las estudiantes promoviendo preguntas y contra-preguntas que pongan en discusión los límites de cada enunciado, propiciando preguntas para la toma de conciencia y posición. Se preguntará, por ejemplo: ¿qué consecuencias puede tener no usar casco en una moto?, ¿qué es más importante al conducir una moto: usar casco o disminuir la velocidad?, ¿quién debe pasar primero: el conductor o los peatones?, ¿en general, observan que se conduce rápido o despacio?, ¿qué se debe mirar y/o escuchar al conducir?, ¿por qué les parece que el uso del celular no está permitido al conducir?, ¿qué puede ocasionar una mínima distracción al conducir?, ¿conocen hasta qué edad los menores deben viajar en las butacas para auto?, como acompañantes del conductor, ¿qué normas se deben cumplir?
- Posteriormente, como segunda etapa de concientización, se realizará una muestra o exposición escolar de grafitis y slogans sobre el comportamiento y las actitudes ciudadanas responsables tendientes a la preservación de la integridad física y a la valoración de la vida. Se sugiere diseñar la muestra en telas en desuso o en paredes de la institución.
- En esta instancia, y en función de las historias narradas anteriormente, se invitará a inspectores de tránsito y jueces de faltas para que brinden una charla a los y las estudiantes. Sería interesante que estas autoridades concurran con algún material impreso, visual o audiovisual para compartir y comentar. Los temas podrían girar en torno a: el tránsito en el pueblo o ciudad, las infracciones más comunes, las sanciones por incumplimiento de las normas de tránsito, la legislación de tránsito.
- Se formularán conclusiones sobre los temas abordados.
- Como tercera y última etapa de concientización, se planificará una visita a una radio y/o canal de televisivo local. Sería interesante que los y las estudiantes, a partir de toda la

información procesada sobre la seguridad vial, puedan participar de algunos programas con el fin de transmitir los saberes a las que arribaron.

OTRAS SUGERENCIAS Y VARIANTES

- Se podrá realizar el juego de *los peatones y conductores* en un circuito de dimensiones reales.
- Se podrán plantear dilemas morales sobre seguridad vial.
- Se podrá planificar un programa de radio de emisión semanal en el que ellos sean los protagonistas del mismo.

PÁGINAS WEB CONSULTADAS

Asociación Civil. *Luchemos por la Vida*. Argentina. Recuperado de http://www.luchemos.org.ar/es/

Educ.ar (2007) *Educación del transeúnte*. Buenos Aires. Recuperado de http://coleccion.educ.ar/coleccion/CD16/contenidos/index.html

Ministerio de Educación, Ciencia y Tecnología (2007) *Educación Vial. Un camino hacia la vida*. Buenos Aires. Recuperado de http://www.me.gov.ar/curriform/publica/educacionvial.pdf

TEMA/PROBLEMA:

¿Qué derechos tenemos? ¿Por qué a veces no se encuentran garantizados?
SEGUNDO Y TERCER CICLO DEL NIVEL PRIMARIO
ÁREAS INTEGRADAS: Formación Ética y Ciudadana,
Plástica, Música, Lengua

FUNDAMENTACIÓN

Los niños y las niñas son los protagonistas de la educación en el
Nivel Primario. Como tales son personas cuyos derechos deben
ser aprendidos y criticados desde la más temprana edad. Sus derechos son una fuente de conocimiento esencial para aprender a
convivir con y entre los Otros, para crear lazos de diálogo y solidaridad, y para comenzar a ejercer la participación ciudadana.

Si nos remontamos un poco a la historia de los derechos de
los niños y las niñas, cabe destacar que en 1918, al finalizar la
Primera Guerra Mundial, muchos niños quedaron huérfanos o
abandonados. Esto produjo en la comunidad mundial una sensibilización por los derechos humanos, y especialmente por la
niñez. De esta manera en 1924 se proclamó la *Declaración de
Ginebra* que consideró a los niños como un grupo vulnerable que
debía ser protegido para garantizar su normal desarrollo tanto
a nivel material como espiritual. No mucho después, durante
la Segunda Guerra Mundial (1939-1945), los derechos de los
de los niños fueron otra vez brutalmente violados. Recién el 20
de noviembre de 1959 la Organización de las Naciones Unidas
(ONU) proclamó la *Declaración de los Derechos del Niño* en
su Resolución 1386, estableciendo así una serie de principios
básicos para ser reconocidos y garantizados por los gobiernos de
los distintos países. Entre esos principios se hallaban la igualdad,
la protección, la seguridad social y la educación. En 1979, que
fue declarado el *Año Internacional del Niño*, los representantes
de cuarenta y tres países iniciaron el trabajo de redacción de
la *Convención sobre los Derechos del Niño*, labor que culminó
diez años después. El 20 de noviembre de 1990 la *Convención*
fue adoptada y abierta a la firma y ratificación por la Asamblea

General de la ONU (Resolución 44/25). Finalmente, entró en vigor el 2 de septiembre del año 1990. La República Argentina la ratificó el 4 de diciembre del mismo año, a través de la ley 23.849, y en 1994 fue incorporada a la Constitución Nacional. En el año 2005 el Congreso Nacional aprobó la *Ley Nacional 26.061 de Protección Integral de los Derechos de Niños, Niñas y Adolescentes* que protege de manera integral los derechos de las niñas, niños y adolescentes que se encuentren en el territorio de la Argentina, para garantizar el ejercicio y disfrute pleno, efectivo y permanente de aquellos reconocidos en el ordenamiento jurídico nacional y en los tratados internacionales.

Entre las organizaciones gubernamentales y no gubernamentales que se ocupan de la problemática de la niñez en todo el mundo se haya el Fondo de las Naciones Unidas para la Infancia (UNICEF), el Centro Nacional de chicos perdidos y explotados (MISSING CHILDREN) y SAVE THE CHILDREN. Cabe aclarar que tanto los tratados internacionales como las leyes nacionales consideran que los derechos de la niñez protegen a niños, niñas y adolescentes hasta los dieciocho años.

La Formación Ética y Ciudadana es un área propicia para que los niños y las niñas conozcan las normas que rigen sus propios derechos y los medios de protección. Asimismo ofrece un espacio y un tiempo de reflexión acerca de aquellos Otros que muchas veces no ven garantizados sus derechos más esenciales por parte de los Estados. De esta forma, los niños y las niñas crecerán y desarrollarán su subjetividad, como seres individuales y sociales, desde el reconocimiento de las diferencias, las faltas y las luchas históricas.

CONCEPTOS CLAVES: derechos, derechos de niños y niñas, infancias, vulneración de derechos, trabajo infantil.

PRIMERA SECUENCIA DIDÁCTICA

- Los y las estudiantes se acomodarán en forma de círculo. Se les repartirán fichas para que completen (algunas de ellas se repetirán):

Soy un niño o una niña que vive en la ciudad.
Me llamo..................... y tengo......años.

Soy un niño o una niña que vive en el campo.
Me llamo..................... y tengo......años.

Soy un niño o una niña que vive en la prehistoria.
Me llamo..................... y tengo......años.

Soy un niño o una niña que vive en el año 2345.
Me llamo..................... y tengo......años.

Soy un niño o una niña que vive huyendo de la guerra.
Me llamo..................... y tengo......años.

Soy un niño o una niña que vive en la calle.
Me llamo..................... y tengo......años.

Soy un niño o una niña que vive en la selva.
Me llamo..................... y tengo......años.

- Luego se les proporcionará una nueva ficha para que completen las actividades que ese niño o esa niña hipotético/a podrían realizar a lo largo de un día.

SOY..................................... Y ESTA ES MI AGENDA DIARIA	
HORARIOS	**ACTIVIDADES**
8 hs.	
10 hs.	
12 hs.	
14 hs.	
16 hs.	
18 hs.	
20 hs.	
22 hs.	
24 hs.	

- Una vez completadas cada una de las agendas, las mismas comenzarán a circular hacia la izquierda. El objetivo es que todo el estudiantado conozca las respuestas de sus pares.
- Luego se podrá desarrollar un interrogatorio oral a partir de las siguientes preguntas:
  a. ¿Hay horarios en los que esos niños o esas niñas realizan las mismas actividades?
  b. ¿Hay alguna actividad que les llamó particularmente la atención?
  c. ¿Creen que los espacios y los tiempos (los contextos) influyen en las actividades que se realizan?, ¿consideran que estos niños/as tienen las mismas oportunidades?
  d. ¿Creen que estos niños y estas niñas tienen derechos?, ¿saben qué son los derechos?, ¿quiénes deben garantizarlos?
  e. ¿Todos estos niños y estas niñas gozan de los mismos derechos?

- Se podrá comenzar a introducir el tema de los derechos de los niños y las niñas haciendo alusión a las declaraciones y convenciones internacionales, los contextos de surgimiento y las construcciones sociales e históricas. Asimismo se puede hacer hincapié en los principales derechos y los garantes de los mismos.
- Continuando con el análisis de las agendas, se incentivará a los y las estudiantes para que pongan en escena situaciones cotidianas de sus personajes. Para ello, por cada horario de la agenda se elegirá un personaje diferente para que represente sus actividades (seguramente los personajes se repetirán teniendo en cuenta la cantidad de agendas que se hayan completado y la cantidad de estudiantes que deseen actuar). Cada estudiante que pase al frente podrá elegir ropa adecuada para su personaje (se recomienda prever un canasto con indumentaria variada, calzados, sombreros, paraguas, utensilios varios, etc.) y, en caso de ser necesario, compañeros/as que lo o la acompañen en su puesta en escena. Cabe aclarar que se solicitará que se presente una actividad diaria de ese personaje pero ello no quita que surjan situaciones problemáticas.

• Al término de las puestas en escena, se les facilitará a los y las estudiantes algunos de los principales derechos que se hayan expresados en la *Declaración de los Derechos del Niño* y en la *Convención* para comenzar a analizarlos. Pueden ser los siguientes:

- Los niños tienen el derecho intrínseco a la vida y deben gozar de todas las garantías para su supervivencia y su desarrollo.
- Los niños tienen derecho a preservar su identidad, que incluye: la nacionalidad, el nombre y las relaciones familiares.
- Los niños tienen derecho a la libertad de pensamiento, de conciencia y de religión. También son libres para asociarse y para celebrar reuniones pacíficas.

• El objetivo es que comiencen a diseñarse una serie de murales públicos con la temática de los derechos de los niños y las niñas en diferentes paredes de edificios públicos, esquinas representativas o tapiales de espacios privados, con las respectivas autorizaciones. A lo largo de todas las secuencias didácticas se seleccionarán diferentes producciones, fragmentos de relatos, canciones, dibujos, obras de arte y derechos para que queden plasmados en el espacio público.

SEGUNDA SECUENCIA DIDÁCTICA

• Los y las estudiantes se agruparán en parejas. A cada una de ellas se les entregará una imagen que muestre a un niño o a una niña en situación de calle). Se podrá aclarar de antemano que todos esos niños y todas esas niñas que aparecen en las imágenes viven en situación de calle.

• Se les pedirá que creen una historia sobre ese niño o esa niña atendiendo a las siguientes preguntas:

a. ¿Quién es ese niño o esa niña? ¿Cómo se llama?

b. ¿Cuántos años tiene?

c. ¿Qué está haciendo al momento de la fotografía?

d. ¿Tiene padres? ¿Cómo se llaman?

e. ¿Por qué creen que vive en la calle?

- Luego se podrán socializar cada una de las historias y dialogar entre todo el grupo acerca de lo siguiente: ¿Cómo creen que vivir en esa situación afectará los siguientes aspectos de las vidas de estos niños y estas niñas?
    a. Sus habilidades en la escuela.
    b. Sus relaciones familiares.
    c. Sus relaciones con amigos y amigas.
    d. Su futuro.
    e. La imagen que tengan de sí mismos.

- Para cerrar esta secuencia se les presentará un relato de Eduardo Galeano, que podrá leerse entre todos los presentes.

La infancia es un peligro. *Por Eduardo Galeano*

Mucho antes de que los niños ricos dejen de ser niños y descubran las drogas caras que aturden la soledad y enmascaran el miedo, ya los niños pobres están aspirando pegamento.

Mientras los niños ricos juegan a la guerra con balas de rayos láser, ya las balas de plomo acribillan a los niños de la calle.

Algunos expertos llaman "niños de escasos recursos" a los que disputan la basura con los buitres en los suburbios de las ciudades. Según las estadísticas, hay setenta millones de niños en estado de pobreza absoluta, y cada vez hay más, en esta América Latina que fabrica pobres y prohíbe la pobreza. Entre todos los rehenes del sistema, ellos son los que peor la pasan. La sociedad los exprime, los vigila, los castiga, a veces los mata: casi nunca los escucha, jamás los comprende. Nacen con las raíces al aire.

Muchos de ellos son hijos de familias campesinas, que han sido brutalmente arrancadas de la tierra y se han desintegrado en la ciudad. Entre la cuna y la sepultura, el hambre o las balas abrevian el viaje. De cada dos niños pobres, uno trabaja, deslomándose a cambio de la comida o poco más: vende chucherías en las calles, es la mano de obra gratuita de los talleres y las cantinas familiares, es la mano de obra más barata de las industrias de exportación, que fabrican zapatillas o camisas para las grandes tiendas del mundo.

¿Y el otro? De cada dos niños pobres, uno sobra. El mercado no lo necesita. No es rentable, ni lo será jamás. Y quien no es rentable, ya se sabe, no tiene derecho a la existencia. El mismo sistema productivo que desprecia a los viejos, expulsa a los niños. Los expulsa, y les teme.

Desde el punto de vista del sistema, la vejez es un fracaso, pero la infancia es un peligro. En muchos países latinoamericanos, la hegemonía del mercado está rompiendo los lazos de solidaridad y está haciendo trizas el tejido social comunitario.

¿Qué destino tienen los dueños de nada en países donde el derecho de propiedad se está convirtiendo en el único derecho sagrado? Los niños pobres son los que más ferozmente sufren la contradicción entre una cultura que manda consumir y una realidad que lo prohíbe.

El hambre los obliga a robar o a prostituirse; pero también los obliga la sociedad de consumo, que los insulta ofreciendo lo que niega. Y ellos se vengan lanzándose al asalto. En las calles de las grandes ciudades, se forman bandas de desesperados unidos por la muerte que acecha.

Según la organización Human RightsWatch, los grupos parapoliciales matan seis niños por día en Colombia y cuatro por día en Brasil. ¿Y ellas? Hay medio millón de niñas brasileñas que venden el cuerpo, casi tantas como en la India, y en la República Dominicana la próspera industria del turismo ofrece subastas de niñas vírgenes.

Si le doy de comer a los pobres, me dicen que soy un santo. Pero si pregunto por qué los pobres pasan hambre y están tan mal, me dicen que soy un comunista.

Es una adaptación del capítulo Los alumnos incluido en Galeano, E. (1998) *Patas arriba. La escuela del mundo al revés*. Madrid: Siglo XXI. La adaptación fue recuperada de http://losniniosdejapon.blogspot.com.ar /2012/12/la-infancia-es-un-peligro-por-eduardo.html

- Se podrá analizar el relato a partir de las siguientes preguntas:
  a. ¿Saben quién fue Eduardo Galeano?
  b. ¿Qué comparaciones establece el autor entre los niños ricos y los niños pobres?

c. ¿Cómo caracteriza el autor a los niños pobres?

d. ¿Cómo les parece que reaccionamos frente a los niños pobres?

e. ¿Qué posturas tomamos frente a la problemática de la pobreza?, ¿por qué?

• Luego del análisis del relato se les indicará a los y las estudiantes que elijan palabras, frases u oraciones que les gusten del mismo para dejar impresas en los murales públicos.

TERCERA SECUENCIA DIDÁCTICA

• Se visualizará el video oficial de *Canción para un niño en la calle*, interpretada por Mercedes Sosa y Calle 13. Puede ser recuperada de https://www.youtube.com/watch?v=h0Bi0lPqXTs. Luego se les entregará a los y las estudiantes la letra de la canción.

Canción para un niño en la calle
(Letra: Armando Tejada Gómez, Ángel Ritro.
Intérpretes: Sosa, M. y Pérez, R. (2009).
Álbum *Cantora 2*)

A esta hora exactamente,
Hay un niño en la calle….
¡Hay un niño en la calle!

Es honra de los hombres proteger lo que crece,
Cuidar que no haya infancia dispersa por las calles,
Evitar que naufrague su corazón de barco,
Su increíble aventura de pan y chocolate
Poniéndole una estrella en el sitio del hambre.
De otro modo es inútil, de otro modo es absurdo
Ensayar en la tierra la alegría y el canto,
Porque de nada vale si hay un niño en la calle.

Todo lo tóxico de mi país a mí me entra por la nariz
Lavo autos, limpio zapatos, huelo pega y también huelo paco
Robo billeteras pero soy buena gente soy una sonrisa sin dientes

Lluvia sin techo, uña con tierra, soy lo que sobro de la guerra
Un estómago vacío, soy un golpe en la rodilla que se cura con el frío
El mejor guía turístico del arrabal por tres pesos te paseo por la capital
No necesito visa pa volar por el redondel porque yo juego con aviones de papel
Arroz con piedra, fango con vino, y lo que me falta me lo imagino.
No debe andar el mundo con el amor descalzo
Enarbolando un diario como un ala en la mano
Trepándose a los trenes, canjeándonos la risa,
Golpeándonos el pecho con un ala cansada.
No debe andar la vida, recién nacida, a precio,
La niñez arriesgada a una estrecha ganancia
Porque entonces las manos son inútiles fardos
Y el corazón, apenas, una mala palabra.
Cuando cae la noche duermo despierto, un ojo cerrado y el otro abierto
Por si los tigres me escupen un balazo mi vida es como un circo
pero sin payaso
Voy caminando por la zanja haciendo malabares con 5 naranjas
Pidiendo plata a todos los que pueda en una bicicleta en una sola rueda
Soy oxígeno para este continente, soy lo que descuido el presidente
No te asustes si tengo mal aliento, si me ves sin camisa con las tetillas al viento
Yo soy un elemento más del paisaje los residuos de la calle son mi camuflaje
Como algo que existe que parece de mentira, algo sin vida pero que respira

Pobre del que ha olvidado que hay un niño en la calle,
Que hay millones de niños que viven en la calle
Y multitud de niños que crecen en la calle.
Yo los veo apretando su corazón pequeño,
Mirándonos a todas con fábula en los ojos.
Un relámpago trunco les cruza la mirada,
Porque nadie protege esa vida que crece
Y el amor se ha perdido, como un niño en la calle.

Oye a esta hora exactamente hay un niño en la calle
Hay un niño en la calle.

- En la letra de la canción puede haber palabras desconocidas para buscar en el diccionario (significado literal y contextual). Luego se les preguntará a los y las estudiantes si conocen a los intérpretes de la canción. Se podrá buscar información acerca de las biografías de estos cantautores así como otras canciones de sus autorías.

- Con la letra en mano, se proyectará por segunda vez el video de la canción. En esta ocasión se les pedirá que identifiquen aquellos versos o palabras que les sirvan para dibujar a un chico o a una chica en la calle. Luego, si bien puede sonar de fondo la misma canción u otras que se crean convenientes, el estudiantado se dispondrá a dibujar su niño o su niña de la calle y se podrán aplicar diversas técnicas plásticas. A su vez, en la misma hoja, pueden identificarlo/la con un nombre, una edad y un lugar de residencia. Una vez que todos/as hayan concluido sus dibujos se socializarán explicando cuáles son sus características. Se sugiere que estos dibujos formen parte de los murales públicos.

- A continuación se formarán pequeños grupos (no más de 3 estudiantes) y se les presentarán las siguientes tarjetas con algunas obras de Antonio Berni:

Juanito bañándose, 1961
Xilocollage
162 x 117 cm
Colección particular

*Juanito Laguna
y la aeronave*, 1978
Materiales varios sobre
madera
210 x 160 cm
Colección particular

Juanito ciruja, 1978
Materiales varios
sobre madera
160 x 105 cm
Colección particular

Juanito bañándose, 1961
Xilocollage
162 x 117 cm
Colección particular

Juanito bañándose, 1961
Xilocollage
162 x 117 cm
Colección particular

Juanito ciruja, 1978
Materiales varios
sobre madera
160 x 105 cm
Colección particular

Obras y datos aparecen en Educ.ar (2007) *Berni para niños y docentes*. Recuperado de https://www.educ.ar/recursos/90701/berni-para-ninos-y-docentes

- Luego se les preguntará si conocían esas obras de arte. Se les comentará acerca del artista plástico rosarino Antonio Berni y sobre uno de sus más famosos personajes: Juanito Laguna. Además se les puede pedir que investiguen acerca de la serie de Juanito Laguna a partir de las siguientes preguntas: ¿En quién se basó Berni para crearlo?, ¿qué técnicas utiliza Berni en sus obras sobre Juanito Laguna?
- Teniendo en cuenta los dibujos realizados sobre niños y niñas de la calle, a partir de la canción, se podrán establecer oralmente similitudes y diferencias con las obras de Berni. Las siguientes preguntas pueden ayudar a la comparación: ¿En qué se parecen?, ¿hay elementos del paisaje que se repiten?, ¿qué aspectos pueden reconocerse que no aparecen en ambos?, ¿cómo están vestidos/as?, ¿qué podemos decir acerca de la vida cotidiana de Juanito Laguna?, ¿y de los niños y niñas de los dibujos?, ¿qué preguntas se hace Juanito Laguna?, ¿cuáles son sus sueños y pesadillas?
- Luego de las reflexiones orales se les pedirá a los y las estudiantes que, como tarea, escriban una carta a Juanito Laguna

(es importante que no se direccione el contenido de la carta, más bien que sea una escritura libre en cuanto al contenido, no así en cuanto al formato textual).

• Tanto las producciones de los y las estudiantes como las obras de arte sobre Juanito Laguna podrán ser recuperadas en el diseño de los murales públicos.

CUARTA SECUENCIA DIDÁCTICA

• Se les pedirá a los y las estudiantes que lean en voz alta las cartas que escribieron a Juanito Laguna. Fragmentos de las mismas podrán ser recuperados para los murales públicos.

• Se proyectará algún capítulo del documental *Desde la calle* (quedará a consideración de la o el docente la selección del capítulo o bien su visualización completa). El mismo fue filmado entre 1999 y 2010 y muestra las historias de Gachi, el Chino, Andrés, Rubén e Ismael: cinco chicos que crecieron en la calle y que ya son adultos. "Cuando eran niños vivían en una de las grandes estaciones de tren de Buenos Aires. Crecieron, y cada una de sus vidas refleja lo que significa madurar desde la marginalidad y la exclusión. La niñez, adolescencia y adultez de los protagonistas se desarrollan en una Argentina marcada por los efectos del neoliberalismo en sus sectores más vulnerables. *Desde la calle* genera una relación directa y reflexiva entre el crecimiento y el modo de mirar quiénes somos y la relación con el otro. Valiosos testimonios, situaciones claves y esclarecedoras, recorridos profundos por los lugares que no se ven y el aporte de personas directamente relacionadas con las vidas de aquellos niños, hoy adultos". Tanto los capítulos como la información sobre el documental fueron recuperados de http://encuentro.gob.ar/programas/serie/8142

• A continuación se presentarán los siguientes derechos que aparecen en la *Declaración* y en la *Convención de derechos del niño*:
    - Los niños gozan de derecho a la salud y al tratamiento de las enfermedades. Los Estados deben adoptar las medidas apropiadas para tal fin.
    - Los Estados deben asegurar el derecho a la educación, implantando la enseñanza primaria obligatoria y gratuita para todos.

- Los niños tienen derecho al descanso y el esparcimiento, al juego y a las actividades recreativas y a participar en la vida cultural y en las artes.

• Luego se indagará acerca la posibilidad de que estos derechos no se hallen garantizados en la vida de los protagonistas del documental. Se les podrá mostrar la *Convención sobre los Derechos del Niño* adaptada para los niños por Francesco Tonucci (recuperada de http://rejuega.com/wp-content/uploads/2014/11/derechos_ni%C3%B1o_rejuega.pdf) para ir analizando uno a uno los principios que allí aparecen. De esta manera se podrán asociar los principios de dicha *Convención* con las escenas del capítulo observado.

• Por último se comenzarán a confeccionar títeres con materiales de descarte (trozos de madera, retazos de tela, corchos, tapitas de plástico, cables, papeles, alambres). Se podrá dividir al curso en pequeños grupos. Cada uno creará un Juanito Laguna, un protagonista del documental y un niño o una niña de la calle que haya resultado de la actividad con la canción.

• Una vez que los títeres estén listos, se comenzará a elaborar un guion breve para esos tres personajes. Pueden ser historias felices o no tan felices que narren historias de vida, problemáticas cotidianas, soluciones o aperturas a conflictos, etc. Lo importante es que queden bien establecidos las intervenciones en los diálogos.

• Se pondrán en escena las diferentes historias de cada uno de los grupos en un teatro de títeres. Se sugiere fotografiar, con su debido permiso, al estudiantado en todo el proceso de esta actividad (armado de títeres, redacción de guiones, puestas en escena) para mostrar lo producido en algún evento institucional.

• Por último los y las estudiantes saldrán a las calles de la ciudad o de la localidad para pintar los murales públicos con todo el material recopilado de las secuencias.

OTRAS SUGERENCIAS O VARIANTES

• Acerca de Juanito Laguna se podrá preguntar: ¿qué soñará?, ¿qué pesadillas tendrá? Se sugiere dibujar los sueños y las pesadillas de Juanito para incluirlos en un libro objeto que también contenga las cartas.

• Se podrán recopilar en una presentación de *powerpoint* imágenes de un día en la vida de Juanito Laguna.

• Otras canciones que se podrán trabajar para el tema de los niños y las niñas en situación de calle son *Juanito* de Nonpalidece (álbum *El fuego en nosotros*, 2010), *Niño* de No te va a gustar (álbum *El camino más largo*, 2008).

PÁGINAS WEB CONSULTADAS

Cerletti, L. (2013) *¿Por qué trabajan los chicos?* Educ.ar. Recuperado de https://www.educ.ar/recursos/119195/por-que-trabajan-los-chicos

Educ.ar (2007) *Berni para niños y docentes*. Recuperado de https://www.educ.ar/recursos/90701/berni-para-ninos-y-docentes

Educ.ar (2009) *Cómo surgen los derechos de la infancia y la juventud*. Recuperado de https://www.educ.ar/recursos/90302/como-surgen-los-derechos-de-la-infancia-y-la-juventud

Educ.ar (2013) *Ley Nacional 26.061 de Protección Integral de los Derechos de Niños, Niñas y Adolescentes*. Recuperado de https://www.educ.ar/recursos/118943/ley-nacional-26061-de-proteccion-integral-de-los-derechos-de-ninos-ninas-y-adolescentes

García, J. L. (2012) *Guiones de teatro de títeres para niños y niñas*. Recuperado dehttps://www.titerenet.com/2012/02/06/guiones-de-teatro-de-titeres-para-ninos-y-ninas/

Humanium. Concretamos los derechos del niño (s.f) Recuperado de https://www.humanium.org/es/ninos-calle/

Ministerio de Educación de la Nación (2009) *Niños en situaciones particularmente difíciles*. Recuperado de https://www.educ.ar/recursos/90553/ninos-en-situaciones-particularmente-dificiles

Ministerio de Educación de la Nación (2009) *Otros chicos*. Recuperado de https://www.educ.ar/recursos/92767/otros-chicos

Ministerio de Educación de la Nación (2015) *Una Convención que habla de vos. En cada lugar y en todo momento, estos son tus derechos. Derechos de los niños, niñas y adolescentes*. Recuperado de https://cdn.educ.ar/repositorio/Download/file?file_id=6fe7fb7d-fc16-41e7-b362-1952d03bc698

Niños de la luz (2004) Recuperado de http://ninosdelaluz.org/esp/calle.html

Pena, G. (Coord.) (2010) *Discriminación. Un abordaje didáctico desde los derechos humanos.* Bs. As.: INADI y Asamblea Permanente por los derechos humanos. Recuperado de http://www.apdh-argentina.org.ar/sites/default/files/discriminacion_2010.pdf

Tonucci, F. (2003) *Convención sobre los Derechos del Niño.* Recuperado de http://rejuega.com/wp-content/uploads/2014/11/derechos_ni%C3%B1o_rejuega.pdf

Torrealba, T., Celes, A. y Crespo, A. (2013) *Un mundo para mí, un mundo para todos y todas.* Recuperado de https://www.educ.ar/recursos/119194/un-mundo-para-mi-un-mundo-para-todos-y-todas?coleccion=119211

Unicef, para cada niño (s.f) Recuperado de https://www.unicef.org/es

TEMA/PROBLEMA:
Género: diferencias, identidades y estereotipos
TERCER CICLO DEL NIVEL PRIMARIO Y CICLO
BÁSICO DEL NIVEL SECUNDARIO
ÁREAS INTEGRADAS: Formación Ética y Ciudadana,
Lengua, Plástica, Informática, Ciencias Naturales

FUNDAMENTACIÓN

La sanción en el año 2006 de la Ley 26150 sobre el *Programa Nacional de Educación Sexual Integral* (ESI); la Resolución N° 45/08 del Consejo Federal de Educación que significó el establecimiento de *Lineamientos Curriculares para la Educación Sexual Integral* con la definición de contenidos curriculares válidos para todos los niveles y modalidades del Sistema Educativo para todas las escuelas públicas de todas las jurisdicciones; y el lanzamiento en la provincia de Santa Fe, en el año 2010, del *Programa de Formación en Educación Sexual Integral* para docentes de todos los niveles educativos y modalidades, han forjado el andamiaje legal y han implicado una renovación en los debates ideológicos sobre la enseñanza de la sexualidad, el sexo, la identidad y la diversidad de género en el ámbito escolar.

En el caso del Nivel Primario y, más específicamente, en lo que concierne a Formación Ética y Ciudadana los *Lineamientos* destacan que esta área "contribuye a la construcción de autonomía en el marco de las normas que regulan los derechos y las responsabilidades para vivir plenamente la sexualidad y también brinda conocimientos sobre los medios y recursos disponibles en la comunidad para la atención de situaciones de vulneración de derechos" (Ministerio de Educación de la Nación, 2010: 21).

Lo cierto es que la ESI se ha insertado en la agenda escolar como un contenido nuevo y obligatorio, a la vez que complejo y controversial. En el marco de esos conflictos, circundan y conviven diversas formas de concebir el cuerpo, la femineidad, la masculinidad, el deseo, el placer y las relaciones amorosas. Todo ello impacta en la construcción de subjetividades que a la vez se apoya en las dimensiones social, psicológica, política, biológica, jurídica y ética para pensarse y cuestionarse.

Por último, es de destacar que la construcción de esas subjetividades muchas veces se ve condicionada o guiada por roles y estereotipos de género común y socialmente aceptados y reproducidos. Un estereotipo de género tiene que ver con "las preconcepciones, generalmente negativas y con frecuencia formuladas inconscientemente, acerca de los atributos, características o roles asignados a las personas, por el simple hecho de pertenecer a un grupo en particular, sin considerar sus habilidades, necesidades, deseos y circunstancias individuales" (Suárez Cabrera, 2016: 19). Esta propuesta didáctica intentará brindar conocimiento acerca de los aspectos comunes y diversos en las identidades de género, en el marco de una concepción que enfatice la construcción socio histórica de las mismas, para promover la aceptación de la convivencia en la diversidad y tratar de romper o criticar esos estereotipos de género.

CONCEPTOS CLAVES: persona, sexo, género, identidad, igualdad, diferencia, discriminación, intersexualidad.

PRIMERA SECUENCIA DIDÁCTICA

• Se presentará a los y las estudiantes un cuento que ponga en cuestión los estereotipos de género. Se sugieren los siguientes títulos entre otros:

ANDRUETTO, M. T. (2005) *Fefa es así*. Buenos Aires: Alfaguara.
BROWNE, A. (2014) *El libro de los Cerdos*. España: FCE.
CABAL, G. (2011) *Historieta de amor*, Buenos Aires: Sudamericana.
CABAL, G. (1999) *La señora planchita y un cuento de hadas pero no tanto*. Buenos Aires: Sudamericana.
HAERINGEN, A. (2007) *La princesa de largos cabellos*. México: FCE.
LEAF, M. y KLEMKE, W. (2003) *Ferdinando el toro*. Salamanca: Lóguez.
LE HUCHE, Magalí (2009) *Héctor. El hombre extraordinariamente fuerte*. Buenos Aires: AH.

El cuento elegido puede ser leído de manera colectiva. A continuación se resolverán de manera grupal las siguientes consignas:

    a. Identificar los personajes del cuento a partir de sus nombres, características y relaciones personales.

    b. ¿Qué crees que sienten los personajes del cuento?

    c. ¿Qué actitudes, actividades o características se sugieren a lo largo del cuento que sean exclusivamente de niñas/mujeres o de niños/hombres?

- A continuación se socializarán las respuestas y se enumerarán esas actitudes, actividades o características en la siguiente lista (tratar de establecer una comparación horizontal):

COSAS DE CHICAS	COSAS DE CHICOS

- Luego se les preguntará a los y las estudiantes:

    a. ¿Por qué creen que existen actitudes, actividades o características que se asocian "naturalmente o normalmente" a los varones y a las mujeres?

    b. ¿Qué opinan sobre esas creencias instauradas social, cultural e históricamente?

    c. ¿Cómo pueden influir esas creencias en sus decisiones de vida?

- A continuación se visualizará el capítulo 10 titulado "Varones y mujeres" del programa *Queremos saber* del canal Encuentro, recuperado de http://encuentro.gob.ar/programas/serie/8455/5296#
- Para analizar el video se recuperarán colectivamente los siguientes conceptos: sexo, sexualidad, género, prejuicios, roles, estereotipos, identidad, normalidad y diversidad. En la bibliografía de esta propuesta didáctica se sugieren algunos documentos

y libros como apoyatura teórica. Se sugiere confeccionar un glosario que recupere los conceptos abordados.

• Para cerrar esta secuencia se les pedirá a los y las estudiantes que traigan para la próxima clase revistas informativas y de entretenimiento para recortar.

SEGUNDA SECUENCIA DIDÁCTICA

• Se les pedirá a cada estudiante que busque en las revistas que trajo dos publicidades que reflejen estereotipos acerca de cómo debe ser un varón y cómo una mujer, o sobre qué deben hacer unos y otros. Luego se formarán grupos de cuatro integrantes e identificarán cada publicidad con un número para completar la siguiente ficha técnica:

	1	2	3	4	5	6	7	8
Producto o servicio que se intenta vender								
Marca de ese producto o servicio								
Slogan que aparece								
Negocio o empresa que emite la publicidad								
Destinatarios/as a quienes está dirigido el producto o servicio que se ofrece								
Mensaje explícito								
Mensaje implícito								

• Una vez completadas las fichas técnicas, cada grupo expondrá sus publicidades y el análisis de cada una de ellas.
• A continuación se incentivará el debate colectivo a partir de las siguientes preguntas:
  a. ¿Qué roles masculinos y femeninos se muestran en las publicidades?
  b. ¿Con qué actitudes, actividades o características se asocian normalmente esos roles?
  c. ¿Qué estilo de cuerpos aparecen en esas publicidades?, ¿qué están haciendo?

d. En el caso de que en la publicidad aparezca una familia, ¿quiénes son sus integrantes?, ¿qué están haciendo?

e. En el caso de que aparezcan niños o niñas, ¿qué están haciendo?

f. Si nos detenemos en los mensajes explícitos e implícitos de cada publicidad, ¿se reproducen los estereotipos de género?, ¿de qué manera?

g. Para trasladar los análisis publicitarios a los hogares y las situaciones cotidianas de los y las estudiantes se podrá preguntar lo siguiente: esos productos o servicios, ¿se consumen en sus hogares?, ¿quiénes los compran?, ¿quiénes los consumen?, ¿les parece que en sus hogares se reproducen algunos de los estereotipos que aparecen en las publicidades?, ¿pueden identificar acciones o situaciones cotidianas que intenten romper con estos estereotipos?

• A continuación se comenzará a organizar una campaña publicitaria gráfica y audiovisual en la que los y las estudiantes sean protagonistas. El principal objetivo es comenzar a cuestionar y a romper con la reproducción de roles y estereotipos tradicionales de varones y mujeres. Para ello se organizarán tres grupos y cada uno elegirá un producto para vender y definirá las características del mismo. Se determinará el slogan y el logo del producto. En primer lugar se diseñará la publicidad gráfica. En segundo lugar se pondrá en marcha la publicidad audiovisual. Se definirán los actores, las actrices, el tiempo y lugar de filmación. Se escribirán los guiones gráficos (es un conjunto de ilustraciones mostradas en secuencia y que sirve de guía para entender una historia, previsualizar una animación o para seguir la estructura de una película antes de que se la empiece a filmar). Se definirá el sonido, el vestuario, el maquillaje y los planos de cámaras. Por último, se pondrán en escena las publicidades.

• Una vez finalizada la campaña publicitaria se podrá presentar a toda la comunidad educativa, a padres, familiares o al público en general en alguna exposición o muestra que puede titularse *Reconociendo diversidades, conociendo identidades.*

TERCERA SECUENCIA DIDÁCTICA

- Se comenzará a deconstruir el concepto de heteronormatividad, es decir, "la expectativa, creencia o estereotipo de que todas las personas son o deben ser, heterosexuales o de que esta condición es la única natural, normal o aceptable; esto es, que solamente la atracción erótica afectiva heterosexual y las personas heterosexuales, o que sean percibidas como tales, viven una sexualidad válida éticamente, o legítima, social y culturalmente" (Suárez Cabrera, 2016: 21). Para ello se presentarán los siguientes titulares de diarios para que sean trabajados en cuatro grupos:

CLARÍN
19 DE AGOSTO DE 2016

ENTRE MUJERES

¿Ventaja o virtud? La atleta Caster Semenya reaviva la polémica sobre su sexo

Con su participación en los Juegos Olímpicos –donde es amplia favorita a quedarse con el oro en los 800m–, la sudafricana Caster Semenya reabre el debate sobre género en las competencias deportivas.

Recuperado de https://www.clarin.com/entremujeres/juegos-olimpicos-rio-2016/ventaja-deportiva-caster-semenya-polemica_0_HkWV25mc.html

BBC
23 DE MAYO DE 2017

MUNDO

"Los médicos jugaron a ser Dios con mi cuerpo": el dramático testimonio de Jeanette, una paciente intersexual a quien le extirparon unos testículos internos sin informarle

A los 16 años Jeanette se sometió a una gran operación que nunca entendió muy bien: le extirparon unos testículos internos cuya existencia ella desconocía.

Recuperado de https://www.bbc.com/mundo/noticias-40013617

• Toda la información presentada será leída colectivamente por el vocero o la vocera que cada grupo elija. Se recomienda que la docente se prepare teórica y conceptualmente ya que en los mismos copetes de los titulares aparecen palabras que quizás sean desconocidas por los y las estudiantes. Una de las palabras que se repite en los cuatro casos es la intersexualidad. Según el *Glosario de la diversidad sexual, de género y características sexuales* ese concepto implica "todas aquellas situaciones en las que la anatomía o fisiología sexual de una persona no se ajusta completamente a los estándares definidos para los dos sexos que culturalmente han sido asignados como masculinos y femeninos. […] De esta manera, las características sexuales innatas en las personas con variaciones intersexuales podrían corresponder en diferente grado a ambos sexos. La intersexualidad no siempre es inmediatamente evidente al momento de nacer, algunas variaciones lo son hasta la pubertad o la adolescencia y otras no se pueden conocer sin exámenes médicos adicionales, pero pueden manifestarse en la anatomía sexual primaria o secundaria que es visible" (Suárez Cabrera, 2016: 24).

- A continuación se les pedirá que busquen en internet información e imágenes sobre estas personas que aparecen en los titulares. Una vez realizada la investigación se podrá armar una historia de vida que trate de recuperar los siguientes datos:
    a. Nombre y apellido
    b. Lugar y fecha de nacimiento
    c. Edad actual
    d. Profesión actual
    e. Diagnóstico que se le asignó
    f. Intervenciones quirúrgicas
    g. Género

- Una vez concluidas las historias de vida se podrán escribir en murales para presentar a toda la comunidad educativa, a padres, familiares o al público en general en la exposición o muestra *Reconociendo diversidades, conociendo identidades*.

CUARTA SECUENCIA DIDÁCTICA

- Para comenzar los y las estudiantes visualizarán el film *El último verano de la boyita*.

Título: El último verano de la boyita
Dirección y guion: Julia Solomonoff.
País: Argentina
Distribuidora: Warner Bros. Pictures International España.
Año: 2009
Duración: 86 min.
Reparto: Gabo Correa, Guadalupe Alonso, Nicolás Treise, Mirella Pascual.
Sinopsis: En un espacio aparentemente bucólico, un secreto se revela, espontáneamente. Al volver de una cabalgata, Jorgelina nota una mancha de sangre en la montura. Y otra mancha en el pantalón de Mario. Mario no sabe qué decir. No sabe por qué, pero él no es como los demás. Jorgelina lo acompañará en un camino de descubrimiento, temor y aceptación. Una revelación que los unirá más de lo imaginado.

Recuperado de https://www.labutaca.net/peliculas/el-ultimo-verano-de-la-boyita/

- Para analizar, interpretar y debatir en torno al contenido del film, se podrá discutir oralmente acerca de lo siguiente:
    a. Vivencias en el campo, vivencias en la ciudad
    b. Tipos de familia
    c. Secretos y promesas
    d. Descubrimientos
    e. Roles y estereotipos de género
    f. Lo normal y lo anormal

- Luego se les puede pedir a los y las estudiantes que elijan alguna escena que les haya llamado la atención y que fundamenten su elección.
- Por último, se les pedirá que le escriban una carta a Mario, uno de los protagonistas de la historia. Dichas cartas pueden ser firmadas con seudónimo y exhibidas en la muestra o exposición *Reconociendo diversidades, conociendo identidades* junto a algún banner con el cartel del film y ciertos fotogramas.

OTRAS SUGERENCIAS Y VARIANTES

- Se podrá consultar el material sobre Educación Sexual Integral que incluye cortometrajes que se transmitieron en el canal Encuentro. Recuperado de https://www.educ.ar/recursos/107056/educacion-sexual-integral
- Se podrán abordar casos de violencia de género a partir de datos estadísticos y artículos periodísticos.

• Se podrá investigar acerca de expresiones de las orientaciones
sexuales, identidades y expresiones de género, y características sexuales diversas tales como: lesbianas, *gais*, bisexuales,
transexuales, travestis, heterosexuales, asexuales, pansexuales,
queer.

PÁGINAS WEB CONSULTADAS

ASOCIACIÓN CIVIL COMUNICACIÓN PARA LA IGUALDAD (2013)
Abundancia de materiales sobre educación sexual integral.
Argentina. Recuperado de http://www.comunicarigualdad.com.
ar/4351/

CARABAJAL, A. y LEWKOWICZ, M. (2011) *Imágenes y frases que
atrapan.* Buenos Aires: Ministerio de Educación de la Nación.
Recuperado de https://www.educ.ar/recursos/118041/imagenes-
y-frases-que-atrapan

CROSTA, A. *ed. al.* (s.f) *Programa Nacional de Desarrollo Infantil.
Primeros Años. La perspectiva de género en los primeros
años.* Buenos Aires: Consejo Nacional de Coordinación de
Políticas Sociales. Presidencia de la Nación. Recuperado de
http://plataformaeducativa.santafe.gov.ar/moodle/pluginfile.
php/242457/mod_resource/content/0/persepctiva%20
de%20g%C3%A9nero%20en%20los%20primeros%20
a%C3%B1os%20de%20vida-presidencia%20de%20la%20
nacion.pdf

ELÍAS, R. (coord.) (2003) *Guía para trabajar la equidad de género
con la comunidad educativa.* Paraguay: UNICEF. Recuperado de
https://www.unicef.org/paraguay/spanish/py_guia_genero.pdf

MARINA, M. (coord.) (2009) *Educación sexual integral para la educación primaria: contenidos y propuestas para el aula.* Buenos
Aires: Ministerio de Educación de la Nación. Recuperado de
http://www.me.gov.ar/me_prog/esi/doc/esi_primaria.pdf

PENA, G. (Coord.) (2010). *Discriminación. Un abordaje didáctico
desde los derechos humanos.* Buenos Aires: INADI y Asamblea Permanente por los derechos humanos. Recuperado de
http://www.apdh-argentina.org.ar/sites/default/files/discrimi-
nacion_2010.pdf

Sistema Federal de Medios y Contenidos Públicos (s.f) *Cultura. Género*. Buenos Aires: Canal Encuentro. Recuperado de http://encuentro.gob.ar/enelaula/119

Suárez Cabrera, J. (coord.) (2016) *Glosario de la diversidad sexual, de género y características sexuales*. Ciudad de México: Consejo Nacional para Prevenir la Discriminación. Recuperado de http://www.conapred.org.mx/documentos_cedoc/Glosario_TDSyG_WEB.pdf

Uribe, R., Manzur, E., Hidalgo, P. y Fernández, R. (2008) Estereotipos de género en la publicidad: un análisis de contenido de las revistas chilenas. *Academia. Revista Latinoamericana de Administración*. N° 41. Bogotá: Consejo Latinoamericano de Escuelas de Administración. Recuperado de http://www.redalyc.org/articulo.oa?id=71611842003

PROPUESTA DIDÁCTICA Nº 8

TEMA/PROBLEMA:
La alimentación saludable en mi vida
TERCER CICLO DEL NIVEL PRIMARIO Y CICLO
BÁSICO DEL NIVEL SECUNDARIO
ÁREAS INTEGRADAS: Formación Ética y Ciudadana,
Lengua, Música, Plástica, Ciencias Sociales, Matemática,
Informática

FUNDAMENTACIÓN
La salud es un valor y un derecho fundamental en la vida de
una persona. La OMS (Organización Mundial de la Salud),
define que "el estado de salud implica el bienestar en otros
aspectos como ser el mental y social, además del físico y la
ausencia de enfermedad."

En la actualidad son las enfermedades crónicas no
trasmisibles como el tabaquismo, el sedentarismo, el
sobrepeso, el consumo excesivo de alcohol, la hipertensión
arterial, el hipercolesterol, la obesidad, la ingesta inadecuada
de frutas y verduras y la inacti-vidad física las que se constituyen
en los factores de mayor riesgo de muerte prematura en la
Argentina. Estas causas están íntima-mente relacionadas con el
patrón dietético y de actividad física.

La alimentación responde a una necesidad biológica pero
constituye también un hecho social en el que confluyen
cuestio-nes muy diversas, de carácter biológico, ecológico,
tecnológico, económico, social e ideológico, entre otras. El
hecho alimentario es dinámico, tiene presente y pasado y
permite pensar pautas para el futuro.

Por lo tanto, los hábitos personales y el particular estilo de
vida constituyen el principal anclaje en el que se entrecruzan
las causas de estos factores de riesgo para la salud, sin cuyo
control resulta difícil, en la práctica, la prevención de las
enfermedades principales que provocan la muerte en nuestro
país.

La elección de conductas saludables depende de la
importan-cia o el valor que cada persona le asigne a su salud.
Estas con-ductas muchas veces dependen de las creencias, de
las costum-bres de la información adquirida y de los factores
ambientales y socio-económicos

En este sentido los ambientes educativos constituyen un espacio apropiado para problematizar esta temática desde múltiples miradas, con el fin de favorecer el análisis y la comprensión de su complejidad. De esta manera, las escuelas pueden plantear, coordinar, integrar e implementar campañas de concientización sobre alimentación saludable.

CONCEPTOS CLAVES: salud, enfermedad, alimentación saludable, hábitos saludables.

PRIMERA SECUENCIA DIDÁCTICA

- Se organizará el grupo clase en pequeños grupos. Se les presentarán y entregarán a cada grupo los siguientes relatos históricos. Se les propondrá la lectura de los mismos.

La comida en tiempos de la Colonia

Si hay una familia tradicional en el reino es la de don Benito González de Rivadavia, el padre de Bernardino. Al toque de la campanilla de San Juan, a eso de las dos de la tarde, se cierran las puertas del caserón de la calle de la Santísima Trinidad. Es el único momento del día en que se cierran; los señores se aprestan a comer. Después viene la comida, a lo castellano viejo. Primero viene la sopa de pan con uno o dos huevos estrellados. Sobre la mesa ya está la olla de "cocido" o "puchero" compuesto de carne de pecho con una o dos gallinas, garbanzos, zapallo, choclos, cebollas blancas, dientes de ajo, menta crespa, panceta, chorizo. El que quiera se puede servir quibebe (zapallo hervido) […]. […] Es costumbre comprar golosinas a los negros que venden en las calles, a veces por cuenta de sus amos, otras por las suyas. […] Al toque de las oraciones, el moreno se instala con su canasta y su farolito de vela de cebo a vender alfajores. Lo mismo hace la mulata doña Micaela, que ofrece alfeñiques, unas barras delgadas y retorcidas de pasta de azúcar. Ricardo Lesser (2004). *La infancia de los próceres.* Buenos Aires: Biblos.

Los secretos de la comida allá por el 1900...

El siguiente relato fue narrado por la bisabuela Elena Woll "Cuando yo tenía 7 años, en 1907, vivía en un campo de la provincia de Buenos Aires, cercano a la localidad de Azul. Cuando era niña, antes de irnos a dormir, se ponían batatas en los fogones que había en las grandes cocinas de campo. Estas se colocaban sin pelar sobre las brasas aún calientes, se cubrían con cenizas y se las dejaba durante toda la noche. A la mañana siguiente, estaban cocidas y tiernas, y las comíamos como desayuno: una batata con un tazón de leche recién ordeñada."

La corriente inmigratoria en la mesa de los argentinos

Durante el siglo XIX y principios del XX la "mesa de los argentinos" era una mesa muy aburrida: carne asada, bifes y ensalada, pucheros. Debido a la abundancia de ganado vacuno en estas tierras y a las costumbres seminómades de los gauchos, se fue incorporando a la cocina criolla el gusto por el consumo de carnes asadas (con algunas excepciones como las zonas urbanas o las sociedades rurales donde los locros, las empanadas y las humitas tenían fuerte presencia). Los hábitos alimentarios comenzaron a cambiar y enriquecerse con la llegada de las corrientes inmigratorias. Podría decirse que la gastronomía argentina dependió de los aportes extranjeros.

La cultura de la comida hoy en tiempos de la globalización

El tiempo pasa y los adultos de hoy fuimos viendo cómo se generaba un nuevo proceso, el de la globalización, fenómeno relativamente nuevo en el que se dio amplias transformaciones sociales, crecimiento del comercio, de las inversiones, de los viajes y de las redes informáticas. Estos cambios en los modos de vida, los movimientos demográficos, las transformaciones de conductas sociales y económicas y las innovaciones tecnológicas contribuyeron a modificar una gama de alimentos, los modos de prepararlos y la manera y horarios de consumirlos. Alimentos del mundo llegan a nuestro país. Así nos encontramos en nuestro país con los alimentos globales. También, los menúes rápidos, al paso, *fastfood*, como los emparedados, las pizzas, las hamburguesas, las papas fritas, los panchos y la casi infaltable *Coca Cola* han expandido su consumo rápida y fácilmente gracias al fenómeno de la globalización. Les cuento que estas comidas rápidas, se llaman rápidas no solo porque hacen referencia a que los clientes comemos rápido una comida de ciertas características, sino que además hay toda una organización del trabajo que hace posible que la comida esté disponible rápidamente y que lo hacen con otros modos diferentes a los de antes.

- Luego se analizarán los relatos teniendo en cuenta los siguientes aspectos:
    a. Encuadre histórico y social de la época mencionada.
    b. Diferentes alimentos y sus usos de acuerdo con cada época.
    c. Hábitos alimentarios: formas y condiciones en las que se preparan los alimentos.
    d. Implicancias culturales y tecnológicas en la alimentación: falta de energía eléctrica o de gas (sea natural o envasado), modos de refrigeración, tipos de conservación, formas de cocción.

• Se registrarán las actividades anteriores a partir de la elaboración de un texto informativo como nota de enciclopedia o informe. Luego se socializarán las producciones.
• Para comenzar a trabajar más específicamente sobre cuestiones de la actualidad referidas a los alimentos, a los hábitos alimentarios o la alimentación como hecho social, se sugiere buscar con anticipación en diarios, revistas o páginas de internet el siguiente material para continuar trabajando en grupo:
  a. Imágenes de fachadas de restaurantes.
  b. Fotografías o folletos de patios de comidas o de shoppings donde se exhiban diferentes lugares de comidas
  c. Imágenes de platos de comidas

• Se analizarán las fotografías, imágenes y folletos a partir de la siguiente guía:
  a. ¿Se identifica claramente el tipo de restaurante por su fachada?, ¿hay expresiones en castellano?, ¿y en otros idiomas?, ¿qué colores predominan en las fachadas?, ¿por qué será?, ¿hay banderas, escudos, dibujos o símbolos que representen algo referido a ese país?, ¿presenta alguna estructura en su arquitectura que les haga pensar en el país de origen?, ¿qué países?, ¿qué platos de comidas ofrecen?, entre otras.
  b. ¿Qué comidas observan?, ¿las comieron alguna vez?, ¿conocen en qué países tienen su origen? A simple vista, ¿qué diferencias pueden encontrar entre las comidas, sobre los alimentos que contienen y los modos de elaborarla?, ¿les contaron sus abuelos u otros familiares algo sobre esas comidas?, ¿tienen relación con su historia familiar?, ¿por qué?, ¿qué comidas hay en su tradición familiar?

• Se armará un listado de comidas de los distintos restaurantes.
• Posteriormente, se les propondrá a los y las estudiantes elegir dos comidas y organizar la información en fichas. La ficha se puede armar teniendo en cuenta el siguiente modelo. De ser necesario, se realizará una consulta bibliográfica pertinente.

COMIDA
PAÍS DE ORIGEN:
ÉPOCA DE ORIGEN:
INGREDIENTES:
PREPARACIÓN:
ALGUNAS COSTUMBRES ASOCIADAS:
APORTE NUTRICIONAL:

- A continuación, se podrá realizar la lectura de mapas de América y planisferios políticos para identificar y localizar los países que surgieron del análisis de las imágenes y textos anteriores.
- Para recuperar uno de los propósitos de esta actividad, se planteará una discusión sobre el impacto que producen en la alimentación factores como las comunicaciones, las constantes migraciones o el crecimiento y diversificación de la industria alimentaria.

    a. ¿Qué factores consideran que influyen en la alimentación?

    b. ¿Qué tipos de comidas predominan en su dieta?

    c. ¿Qué comidas de nuestro país consumen?, ¿y de otros países?

    d. Los domingos, las comidas de la abuela, ¿siguen estando en la mesa?

SEGUNDA SECUENCIA DIDÁCTICA

- Se propondrá a los y las estudiantes la elaboración de una encuesta. Para ello se organizarán en grupos.
- Luego, se les entregará la siguiente guía como apoyatura teórica previa a la encuesta, recuperada de las *Guías alimentarias para la población Argentina.*

MENSAJE 1

Incorporar a diario alimentos de todos los grupos y realizar al menos 30 minutos de actividad física

1. Realizar 4 comidas al día (desayuno, almuerzo, merienda y cena) incluir verduras, frutas, legumbres, cereales, leche, yogur o queso, huevos, carnes y aceites.
2. Realizar actividad física moderada continua o fraccionada todos los días para mantener una vida activa.
3. Comer tranquilo, en lo posible acompañado y moderar el tamaño de las porciones.
4. Elegir alimentos preparados en casa en lugar de procesados.
5. Mantener una vida activa, un peso adecuado y una alimentación saludable previene enfermedades.

MENSAJE 2

Tomar a diario 8 vasos de agua segura

1. A lo largo del día beber al menos 2 litros de líquidos, sin azúcar, preferentemente agua.
2. No esperar a tener sed para hidratarse.
3. Para lavar los alimentos y cocinar, el agua debe ser segura.

MENSAJE 3

Consumir a diario 5 porciones de frutas y verduras en variedad de tipos y colores

1. Consumir al menos medio plato de verduras en el almuerzo, medio plato en la cena y 2 o 3 frutas por día.
2. Lavar las frutas y verduras con agua segura.
3. Las frutas y verduras de estación son más accesibles y de mejor calidad.
4. El consumo de frutas y verduras diario disminuye el riesgo de padecer obesidad, diabetes, cáncer de colon y enfermedades cardiovasculares.

MENSAJE 4

Reducir el uso de sal y el consumo de alimentos con alto contenido de sodio

1. Cocinar sin sal, limitar el agregado en las comidas y evitar el salero en la mesa.
2. Para reemplazar la sal utilizar condimentos de todo tipo (pimienta, perejil, ají, pimentón, orégano, etc.).
3. Los fiambres, embutidos y otros alimentos procesados (como caldos, sopas y conservas) contienen elevada cantidad de sodio, al elegirlos en la compra leer las etiquetas.
4. Disminuir el consumo de sal previene la hipertensión, enfermedades vasculares y renales, entre otras.

MENSAJE 5

Limitar el consumo de bebidas azucaradas y de alimentos con elevado contenido de grasas, azúcar y sal

1. Limitar el consumo de golosinas, amasados de pastelería y productos de copetín (como palitos salados, papas fritas de paquete, etc.).
2. Limitar el consumo de bebidas azucaradas y la cantidad de azúcar agregada a infusiones.
3. Limitar el consumo de manteca, margarina, grasa animal y crema de leche.
4. Si se consumen, elegir porciones pequeñas y/o individuales. El consumo en exceso de estos alimentos predispone a la obesidad, hipertensión, diabetes y enfermedades cardiovasculares, entre otras.

MENSAJE 6

Consumir diariamente leche, yogur o queso, preferentemente descremados

1. Incluir 3 porciones al día de leche, yogur o queso.
2. Al comprar mirar la fecha de vencimiento y elegirlos al final de la compra para mantener la cadena de frío.
3. Elegir quesos blandos antes que duros y aquellos que tengan menor contenido de grasas y sal.
4. Los alimentos de este grupo son fuente de calcio y necesarios en todas las edades.

MENSAJE 7

Al consumir carnes quitarle la grasa visible, aumentar el consumo de pescado e incluir huevo

1. La porción diaria de carne se representa por el tamaño de la palma de la mano.
2. Incorporar carnes con las siguientes frecuencias: pescado 2 o más veces por semana, otras carnes blancas 2 veces por semana y carnes rojas hasta 3 veces por semana.
3. Incluir hasta un huevo por día especialmente si no se consume la cantidad necesaria de carne.
4. Cocinar las carnes hasta que no queden partes rojas o rosadas en su interior previene las enfermedades transmitidas por alimento

MENSAJE 8

Consumir legumbres, cereales preferentemente integrales, papa, batata, choclo o mandioca

1. Combinar legumbres y cereales es una alternativa para reemplazar la carne en algunas comidas.
2. Entre las legumbres puede elegir arvejas, lentejas, soja, porotos y garbanzos y entre los cereales arroz integral, avena, maíz, trigo burgol, cebada y centeno, entre otros.
3. Al consumir papa o batata lavarlas adecuadamente antes de la cocción y cocinarlas con cáscara.

> ## MENSAJE 9
>
> ### *Consumir aceite crudo como condimento, frutas secas o semillas*
>
> 1. Utilizar dos cucharadas soperas al día de aceite crudo.
> 2. Optar por otras formas de cocción antes que la fritura.
> 3. En lo posible alternar aceites (como girasol, maíz, soja, girasol alto oleico, oliva y canola).
> 4. Utilizar al menos una vez por semana un puñado de frutas secas sin salar (maní, nueces, almendras, avellanas, castañas, etc.) o semillas sin salar (chía, girasol, sésamo, lino, etc.).
> 5. El aceite crudo, las frutas secas y semillas aportan nutrientes esenciales.
>
> ## ~~~~~ MENSAJE 10 ~~~~~
>
> ### *El consumo de bebidas alcohólicas debe ser responsable. Los niños, adolescentes y mujeres embarazadas no deben consumirlas. Evitarlas siempre al conducir*
>
> 1. Un consumo responsable en adultos es como máximo al día, dos medidas en el hombre y una en la mujer.
> 2. El consumo no responsable de alcohol genera daños graves y riesgos para la salud.

FUENTE: Ministerio de Salud. Presidencia de la Nación Argentina (2016) *Guías alimentarias para la población Argentina. Documento Técnico metodológico.* Recuperado de http://www.msal.gob.ar/images/stories/bes/graficos/0000000817cnt-2016-04_Guia_Alimentaria_completa_web.pdf

- En los grupos que ya fueron armados se comentará el contenido de dos de los mensajes de la guía. Luego, en base a lo comentado, comenzarán a diseñarse las encuestas.
- Posteriormente se organizará una ronda de lectura y comentarios sobre las propuestas de encuesta de cada grupo para poder definir la encuesta definitiva. También se decidirá colectivamente acerca de lo siguiente:
  a. Cantidad de encuestados/as por cada estudiante
  b. Edades estimadas de los encuestados/as
  c. Tiempo estimado de realización de las encuestas
  d. Tipo de registro de las respuestas
  e. Sistematización y tabulación de datos
  f. Análisis de resultados

- Se invitará a nutricionistas y a las familias a una jornada de socialización. Los profesionales conocerán previamente los resultados de las encuestas. El objetivo de esta jornada será la construcción de un plan de comidas saludables.
- En una jornada posterior, se podrá invitar a profesores de educación física y asistentes a gimnasios para conversar sobre motivaciones y necesidades para realizar una actividad física, los propósitos que se tienen, los tipos de actividad física que se pueden realizar, las frecuencias de la misma.

TERCERA SECUENCIA DIDÁCTICA

- Se organizará un debate a partir del interrogante: ¿La salud es un derecho o un bien de consumo?, ¿por qué? Se tomarán posturas al respecto y se fundamentarán a partir de conceptos que sustenten cada una de las posturas.
- Se explicará y desarrollará que los principios que están presentes en la salud son: la *universalidad*, la *solidaridad*, la *gratuidad* y la *igualdad*. Se sugiere que los y las estudiantes consulten bibliografía pertinente para ampliar los conceptos anteriores y que sea leída de manera colectiva.
- Luego, se les solicitará que en base a lo investigado produzcan un texto en el que aparezca el derecho a la salud y los principios que lo sustentan.
- Se leerán los textos producidos.
- Se incentivará a los y las estudiantes para la formulación de nuevos interrogantes: ¿qué nuevas preguntas se formularían ustedes mismos sobre el tema de la salud como derecho para seguir reflexionando sobre este tema?, ¿a qué otras personas relacionadas con esta problemática le formularían preguntas?, ¿por qué?
- Se socializará en plenario la circulación de diferentes conceptualizaciones y miradas en torno a la salud, estilo de vida saludable, prevención y promoción, acceso a la salud, desigualdades al respecto, tanto individuales como sociales que impactan en los niveles de vida saludables, dinámicas que producen dicho impacto, etc.

• Se retomará el contenido anterior, la salud como derecho, a partir de la lectura del siguiente texto.

Sobre nuestra alimentación: alimentación saludable

En nuestro país tenemos dos tipos de problemas nutricionales, unos por exceso y otros por déficit. En el primer caso encontramos las enfermedades crónicas (obesidad, diabetes, hipertensión, problemas cardiovasculares, etc.) donde los estilos de vida de la población adulta están estrechamente relacionados con la alimentación, y cada vez se dan a edades más tempranas. En el segundo caso, se trata de enfermedades como la desnutrición crónica o la ausencia de nutrientes específicos. Ambos problemas se pueden prevenir con una alimentación saludable y equilibrada. En la Argentina existe una gran variedad de alimentos, sin embargo el principal problema alimentario de muchas personas es la dificultad para acceder a una alimentación adecuada, como así también la de hábitos inadecuados, que llevan a decidir erróneamente en qué alimentos gastar los recursos. Existen varios factores que no siempre favorecen que tengamos una buena alimentación, entre ellos están:

• Gustos y hábitos alimentarios.
• Los alimentos que tengamos a nuestro alcance y podamos adquirir, ya sea por motivos económicos, barreras geográficas, estacionalidad, etc.
• Las costumbres de la familia y la sociedad en que vivimos.
• Creencias individuales y sociales. Se puede suponer que tal alimento "hace bien" o "hace mal" o "engorda" y ello hacer que los consumamos o dejemos de hacerlo.

FUENTE: AMR Salud. (s.f). *Sobre nuestra alimentación: alimentación saludable.* Rosario. Recuperado de www.amr.org.ar/amrsalud/?p=1395

• Se organizará un debate sobre la información anterior, considerando:

   a. Los problemas nutricionales que se registran entre la población de su ciudad y/o localidad y en la Argentina.

   b. Los factores que originan estos problemas (políticos, sociales, económicos, culturales, etc.)

   c. Propuestas de mejora.

• Se invitará a profesionales de la salud y a funcionarios del gobierno local que trabajen en el área de salud pública. Se les pedirá que expliquen y fundamenten la organización del servicio de salud y los programas con que cuenta la secretaría para garantizar el acceso a todos los servicios de salud y a una alimentación saludable.

- A partir de un acuerdo previo, se grabará o filmará este encuentro.
- Luego se entregará, a modo de reflexión, la siguiente frase:

"Cada persona puede hacer algo para mejorar su alimentación. Cada persona puede ayudar a otros a alimentarse mejor y proteger su salud. Cada persona puede saber y enseñar a elegir y combinar los alimentos adecuadamente. Cada persona puede aprovechar mejor su presupuesto."

Recuperado de https://www.educ.ar/recursos/15141/el-derecho-a-la-alimentacion-saludable-en-la-argentina

- Como cierre de esta secuencia, se puede realizar una campaña informativa para dar a conocer a la comunidad educativa y local aspectos sobre hábitos de alimentación saludable, calidad de alimentación y los derechos relacionados con salud .Se podrá publicar el informe en el blog de la escuela y presentar en espacios de televisión y radio.

OTRAS SUGERENCIAS Y VARIANTES

- Se podrán proyectar los capítulos del Programa del Canal Encuentro, titulado *Como, luego existo.* Recuperado de http://encuentro.gob.ar/programas/serie/8498
- Se podrán recuperar historias de vida a partir de los relatos de abuelos y abuelas sobre los cambios y continuidades en hábitos alimentarios que se han producido a través del tiempo.
- Se podrá utilizar el material *Educación Alimentaria y Nutricional. Libro para el docente.* Recuperado de coleccion.educ.ar/coleccion/CD23/contenidos/escuela/textos/pdf/docente1.pdf

PÁGINAS WEB CONSULTADAS

BAHAMONDE, N. (coord.) (s.f) *Comidaventuras. Serie ciencia, salud y ciudadanía.* Buenos Aires: Ministerio de Educación de la Nación. Recuperado de http://www.assal.gov.ar/bitacoradela-alimentacion/bibliografia/Comidaventuras-3.pdf

BAHAMONDE, N. (coord.) (s.f) *Educación alimentaria y nutricional. Libro para el docente. Serie ciencia, salud y ciudadanía.* Buenos Aires: Ministerio de Educación de la Nación. Recuperado de http://coleccion.educ.ar/coleccion/CD23/contenidos/escuela/textos/pdf/docente1.pdf

Concepto de salud. Recuperado de http://concepto.de/salud/#ixzz4wGFcavOA-/2013/4

MINISTERIO DE SALUD. PRESIDENCIA DE LA NACIÓN (2016) *Guías alimentarias para la población argentina. Documento técnico metodológico.* Buenos Aires: Ministerio de Salud. Recuperado de http://www.msal.gob.ar/images/stories/bes/graficos/0000000817cnt-2016-04_Guia_Alimentaria_completa_web.pdf

STORNI, C. (2011) *El derecho a la salud en la Argentina.* Edu.ar. Recuperado de https://www.educ.ar/recursos/15143/el-derecho-a-la-salud-en-la-argentina

PROPUESTA DIDÁCTICA Nº 9

TEMA/PROBLEMA:
La asamblea va al aula
TERCER CICLO DEL NIVEL PRIMARIO Y CICLO
BÁSICO DEL NIVEL SECUNDARIO
ÁREAS INTEGRADAS: Formación Ética y Ciudadana,
Plástica, Tecnología, Lengua

FUNDAMENTACIÓN
La escuela es la institución social apropiada para presentar, comprender y criticar las prácticas sociales y culturales que permiten y, hasta algunas veces obstaculizan, la construcción de ciudadanía. El desafío de los y las docentes será poner en diálogo los valores democráticos como la igualdad, la responsabilidad, la solidaridad y la libertad con el fin de transmitirlos, cuestionarlos y hasta desestructurarlos.

La enseñanza de la Educación Política permite promover el razonamiento argumentativo, el debate, la deliberación y el diálogo. Además, de fomentar acuerdos y desacuerdos, de criticar y reflexionar con respecto al ejercicio ciudadano. Se trata de abordar el espacio público en todas sus dimensiones para que los y las estudiantes encuentren huecos en los que puedan participar, aportar nuevas y mejores propuestas, o criticar las ya establecidas. Por ello la escuela y, especialmente la Formación Ética y Ciudadana, se constituyen como espacios y momentos propicios para pensar la participación ciudadana, para introducir cuestiones cotidianas que interesen a los niños y las niñas, y para habilitar la escucha y la hipotetización de situaciones que coartan esa misma participación.

A continuación presentamos algunas secuencias didácticas para abordar la participación ciudadana en y desde el aula.

CONCEPTOS CLAVES: ciudadanía, participación ciudadana, democracia, asamblea ciudadana, libertad de expresión.

PRIMERA SECUENCIA DIDÁCTICA

- Se realizará un torbellino de ideas a partir de las siguientes preguntas problematizadoras con el fin de sondear los saberes previos de los y las estudiantes: ¿qué significa ser ciudadano o ciudadana?, ¿todos y todas somos ciudadanos y ciudadanas?, ¿qué tienen que ver el DNI o la nacionalidad en la adquisición de la ciudadanía?, ¿nacemos con la ciudadanía o la adquirimos?, ¿cómo les parece que se puede ir construyendo ciudadanía?
- Las respuestas que vayan surgiendo podrán ser escritas en el pizarrón con el fin de establecer algunas relaciones teóricas.
- A continuación se dividirá al grupo-clase en pequeños grupos. A cada grupo se le entregará un sobre cerrado con titular y copete de una noticia periodística, los datos paratextuales correspondientes y nombre del diario fuente. A su vez cada grupo encontrará en el sobre fragmentos (por párrafos) de diversas noticias. (Si, por ejemplo, se trabaja con cinco grupos se deberán buscar cinco noticias de cinco diarios de distintas editoriales. Luego se recortarán los fragmentos de cada noticia y se los repartirá azarosamente en cinco sobres distintos). Los y las integrantes de cada grupo deberán movilizarse en busca de los fragmentos de su titular que otros grupos poseen. Esta tarea implica leer obligatoriamente todos los fragmentos de todas las noticias.
- Se presentan algunos títulos y las fuentes consultadas a modo de ejemplo:

Miércoles 13 de Septiembre de 2017 _ Barrio Guadalupe

Vecinos reclaman más vigilancia tras violentos asaltos a mujeres

Uno de los vecinos advirtió que las mujeres son el "blanco fácil" para los delincuentes. La mayoría de los hechos, suceden en horas del atardecer.

Recuperado de http://www.ellitoral.com/index.php/id_um/155575-vecinos-reclaman-mas-vigilancia-tras-violentos-asaltos-a-mujeres-en-barrio-guadalupe.html

Martes 12 de septiembre de 2017 - BUENOS AIRES

Sin baños públicos: un déficit porteño que complica a vecinos y turistas

Hay pocos en los bosques de Palermo y en Caminito; proponen instalar nuevos en parques de más de 50.000 m2; la mayoría de los locales gastronómicos no permite usar sus sanitarios, aunque es obligatorio

Recuperado de http://www.lanacion.com.ar/2061918-sin-banos-publicos-un-deficit-porteno-que-complica-a-vecinos-y-turistas

---

28 de julio de 2017 - PINAMAR

Llevó la basura de la playa a la puerta del municipio como protesta y lo multaron por más de 10 mil pesos"

El intendente Yeza firmó el acta que recibió Gastón Caminata y se refirió al ambientalista en sus redes sociales. El mismo día, cayó una inspección en su restaurante y amenazaron con cerrarlo.

Recuperado de http://www.lacapitalmdp.com/Illevo-la-basura-de-la-playa-al-municipio-como-protesta-y-lo-multaron-por-mas-de-10-mil-pesos/

Lunes 21 de Noviembre de 2016 - PERÚ

1,200 toneladas de botellas plásticas son recicladas mensualmente en el Perú

En búsqueda del cuidado del medio ambiente, se ha desarrollado estrategias para absorber dicho material, ¿de qué se trata?

Recuperado dehttp://gestion.pe/tendencias/1200-toneladas-botellas-plasticas-son-recicladas-mensualmente-peru-2175193

Sábado 1 de Julio de 2017 - CHACO

Orquestas y murgas escolares cierran hoy en el Parque de la Democracia la semana de lucha contra el consumo de drogas

La actuación comenzará a las 14 y reunirá a más de 150 estudiantes en escena. Las actividades por la Semana Internacional de lucha contra el consumo y uso indebido de drogas comprometieron a través de charlas, talleres y diversos encuentros a múltiples actores del Estado provincial.

Recuperado de http://www.diarionorte.com/article/154075/orquestas-y-murgas-escolares-cierran-hoy-en-el-parque-de-la-democracia-la-semana-de-lucha-contra-el-consumo-de-drogas

- Se sugiere que cada grupo elija un o una *líder* que sea el o la que decida si los fragmentos se prestan o si se aceptan los que llegan de otros grupos. Además se podrá poner un tiempo límite para esta actividad con el fin de dinamizarla. Como ayuda se le podrá anticipar a cada grupo la cantidad de fragmentos que tiene la noticia.

- Una vez que se han completado todos los cuerpos de las noticias se introducirán las siguientes preguntas para que cada grupo, a través de su *líder*, presente las situaciones problemáticas ciudadanas y las intervenciones que se realizaron al respecto: ¿qué pasó?, ¿cuándo ocurrió?, ¿dónde ocurrió?, ¿quiénes intervinieron?, ¿cómo ocurrió?, ¿por qué les parece que pasan estas cosas?, ¿creen que la solución que se plantea es suficiente para que el conflicto se acabe? En caso de que la respuesta sea negativa, ¿qué propuestas alternativas sugerirían? Todas las respuestas de todos los grupos podrán escribirse en el pizarrón en un cuadro de doble entrada como el que se muestra a continuación:

	HECHO	CONTEXTO	PERSONAS QUE INTERVINIERON	SUCESOS	CAUSAS	OTRAS ALTERNATIVAS DE SOLUCIÓN
NOTICIA 1						
NOTICIA 2						
NOTICIA 3						
NOTICIA 4						
NOTICIA 5						

- Para cerrar esta secuencia se podrá pedir a los y las estudiantes que escriban en formato papel y de modo anónimo la problemática que consideran relevante a nivel institucional (puede ser una problemática propia del curso o de la escuela en general). Se recolectarán las opiniones y se leerán en la próxima clase.

SEGUNDA SECUENCIA DIDÁCTICA

- Se leerán en voz alta las problemáticas que se escribieron en la clase anterior. Los y las estudiantes las clasificarán por problemáticas. Se les preguntará de qué manera se puede elegir una de ellas (votación). Luego se incentivará a la resolución de esta problemática a partir de los siguientes interrogantes (el objetivo es que los mismos y las mismas estudiantes construyan los diversos aspectos organizativos de una asamblea):

    a. ¿Cómo les parece que nos podemos organizar para tratar esta problemática?

    b. ¿Cómo se organizarán los momentos de la asamblea (apertura, desarrollo y cierre)?

    c. ¿Qué roles se pueden asumir en esta organización (coordinadores, docentes referentes, secretarios/as de actas, voceros)?

    d. ¿Cómo se pueden registrar las opiniones o intervenciones (filmaciones, fotografías, escritos)?

    e. ¿Cuáles serán los temas a tratar en cada sesión (cantidad de temas, orden de prioridad, extensión)?

    f. ¿Con qué periodicidad se llevarán a cabo estas asambleas?, ¿cuánto durará cada sesión?

- Una vez establecidos estos acuerdos se realizará una síntesis integradora para explicitar el concepto de asamblea. Para ello se explicará que una asamblea es un recurso de gran valor al permitir que sus integrantes ejerzan roles activos, visibles y dinámicos en lo que respecta a la expresión de las ideas, a la toma de decisiones, a la ejecución de las propuestas, a la responsabilidad y el control sobre las acciones. Es una experiencia de participación ciudadana que permite a los y las estudiantes entrenarse en el desarrollo de habilidades democráticas.
- Luego de la toma de decisiones organizativas se podrá realizar un primer ensayo de asamblea con alguna de las problemáticas sociales que se trabajaron en la secuencia anterior a partir de las noticias periodísticas. Este momento resultará propicio para poner en práctica la estrategia de la asamblea: qué significa tomar postura, argumentar, contradecir, criticar, relevar la importancia del derecho a la libre expresión y del derecho a participar en cuestiones públicas. Luego del ensayo se podrán analizar los momentos y revisar cuestiones necesarias. Además se podrá retomar la problemática que resultó elegida y anticipar que busquen en

sus casas información sobre la misma, si en otras escuelas o cursos ha pasado algo similar, qué soluciones se les ocurren, etc. (Cabe aclarar que según la problemática elegida se requerirá de la intervención de docentes de otras áreas.) La verdadera asamblea se llevará a cabo en la próxima clase y sería interesante que se instale como un momento y un espacio adecuado para debatir periódicamente cuestiones que les afectan e incumben a todos y a todas. Vale decir que dentro de los temas a abordar en una asamblea puede haber problemas u otras cuestiones que les interese debatir, como pueden ser: proyectos institucionales, viajes educativos, proyectos de extensión a la comunidad, campamentos, festejos de alguna efeméride, etc.

- Para cerrar esta secuencia se les mostrará a los y las estudiantes la siguiente viñeta:

- Luego se les preguntará: ¿qué sería un mundo mejor?, ¿por qué creen que hay que construirlo?, ¿por qué esa construcción siempre se ve postergada?
- Por último, se les pedirá que cada uno y cada una redacte en un cartel de color una acción para construir un mundo mejor. Esos carteles serán depositados en el *Buzón para construir un mundo* mejor que puede ser diseñado y decorado previamente. Ese buzón circulará por todas las aulas y espacios de la institución escolar durante un tiempo determinado hasta que sea recogido por algún coordinador o alguna coordinadora de la asamblea.

- Se pondrá en marcha la asamblea de curso. Los roles y la problemática a abordar ya fueron previamente asignados así que se abrirá el espacio y el tiempo de habilitación de la palabra. El rol del/de la coordinador/a será muy importante ya que tendrá la función de presentar la problemática, exponer el orden del día, ayudar a sus compañeros y compañeras a centrarse en el tema que se ha escogido y guiar el debate dando pautas de participación tales como el orden, la escucha y el diálogo que busque acuerdos. Se presentarán las mociones correspondientes, las argumentaciones al respecto y las opiniones encontradas o desencontradas. Para ir cerrando la asamblea, el coordinador o la coordinadora deberá pasar en limpio las conclusiones a las que se arribaron, los pasos a seguir y la fecha para una próxima asamblea.
- Cabe aclarar que algunas asambleas concluirán con un acuerdo sobre el tema en discusión y, en otros casos, si no se arribara a acuerdos explícitos, podrá optarse por una votación democrática (con manos levantadas o con papelitos anónimos). Es importante que las cuestiones que se vayan a decidir o las soluciones que se vayan a aplicar sean pertinentes y posibles de realizar por el estudiantado.
- Por ser la primera experiencia con esta estrategia es importante preguntar a los y las estudiantes cómo se sintieron vivenciándola, si hay algunos aspectos que afianzar o corregir. En la próxima sesión podrá comenzar a diseñarse un plan de acción o proyecto institucional que contemple los acuerdos a los que se llegaron y las inquietudes con respecto a las actividades que se quieran desarrollar. Es en este momento en que el resto de las áreas serán convocadas según los intereses, las inquietudes y las necesidades.
- Por último, se hará hincapié en la importancia de la libertad de expresión como uno de los derechos reconocidos por la *Convención sobre los Derechos del Niño*. Se dialogará sobre la puesta en práctica y el respeto de este derecho y el rol que juega la asamblea en el fomento de estas habilidades democráticas. Luego se les facilitará de forma individual tarjetas de colores para completar frases a modo de reflexión y se socializarán las opiniones.

**Expresar las propias
ideas en el grupo es**

....

....

....

....

**Cuando digo
lo que pienso**

....

....

....

....

**Creo que puedo elegir
lo que quiero cuando**

....

....

....

....

Mantener mis ideas es

....

....

....

....

Juzgar las actitudes de los y las demás es

....

....

....

....

CUARTA SECUENCIA DIDÁCTICA

- Se comenzará a diseñar el plan de acción o proyecto institucional en el marco de una nueva asamblea. El coordinador o la coordinadora formulará las siguientes preguntas: ¿qué se hará?, ¿por qué se hará?, ¿cuándo y dónde se hará?, ¿qué recursos se necesitarán para llevar a cabo el plan o proyecto?, ¿qué pasos pueden establecerse para realizar las actividades y en qué orden?, ¿cómo se repartirán los roles, las funciones y las responsabilidades? Se recomienda que el secretario/a de actas registre los acuerdos, las propuestas y las ideas que surjan. Además es significativo que el o la docente intervenga en estos debates o discusiones para orientar y enriquecer el modo de implementar el plan o proyecto.
- Una vez que el diseño esté avanzado, el o la coordinadora de la asamblea recogerá el *Buzón para construir un mundo mejor* que comenzó a circular por la institución escolar en el segundo

encuentro. En el contexto de la misma asamblea se abrirá el buzón y se leerán las propuestas. Se podrá debatir sobre ellas y luego, se diseñará un mural para pintar en una de las paredes de la escuela con palabras, frases y dibujos que surjan de las propuestas. Se podría fijar algún día especial (aniversario de la escuela, alguna efeméride, etc.) para que el mural sea pintado.

- En cuanto al proyecto institucional o plan de acción, una vez que se lleve a cabo, se sugiere convocar a otra asamblea para evaluar los resultados y revisar la puesta en marcha de las acciones para futuras propuestas.
- Recordando la actividad con los titulares de noticias periodísticas de la primera secuencia, se convocará a los y las estudiantes a que se organicen en grupos y que elaboren una noticia periodística en la que puedan relatar lo acontecido en el marco del proyecto institucional o plan de acción. Para ello se les explicará que la misma debe contar con un título atrapante que despierte el interés de los lectores y las lectoras; que ha de proporcionar suficiente información sobre qué sucedió, quiénes participaron, cómo se dieron los hechos, cuándo y dónde sucedió y por qué se decidió realizar ese proyecto. Además, se aclarará que la información que se brinda debe ser clara, concisa y completa y que la noticia debe incluir fotografías. Una vez diseñadas y corregidas las noticias periodísticas, si la escuela cuenta con algún periódico escolar, se las puede publicar. En caso contrario se pueden repartir como volantes a todos los integrantes de la institución educativa.

OTRAS SUGERENCIAS Y VARIANTES

- Se podrán organizar visitas a algunas asambleas municipales, barriales o de clubes de la ciudad/localidad.
- Lo acontecido en el marco del proyecto institucional o plan de acción también podrá ser comunicado a través de programas de radios o de televisión locales o redes sociales.
- También podrá construirse un *Consejo de Convivencia* con estudiantes representantes de todos los cursos para plantear, tratar y debatir problemáticas que les afecten.

AAVV (2012) *Propuestas para la enseñanza en el área de Formación Ética y Ciudadana: valores, derechos y participación*. Buenos Aires: Ministerio de Educación de la Nación. Recuperado de http://repositorio.educacion.gov.ar/dspace/bitstream/handle/123456789/109681/5-JE%20etica-F-2013.pdf?sequence=2

ACEVEDO, A. M., DURO, E. y GRAU, I. M. (2002) *UNICEF va a la escuela para hablar de la libertad y la igualdad*. Ciudad de Buenos Aires: UNICEF. Recuperado de https://www.unicef.org/argentina/spanish/ar_insumos_educvaescuela3.PDF

GARCÍA FLORINDO, A. (Coord.) (s.f) *Materiales didácticos para trabajar la participación ciudadana*. Sevilla: NOSDO, Presupuestos Participativos e Instituto Paulo Freire (asociados). Recuperado de http://www.redcimas.org/wordpress/wp-content/uploads/2012/10/materiales_didacticos_particiu.pdf

MINISTERIO DE EDUCACIÓN. GOBIERNO DE LA PROVINCIA DE CÓRDOBA (2013) *Ciudadanía y Participación. Esquemas prácticos para la enseñanza en el segundo ciclo de la educación primaria*. Recuperado de http://www.igualdadycalidadcba.gov.ar/SIPEC-CBA/publicaciones/Esquemas/Primaria/CESQPR%20CIUPART%20SgCEdPrim.pdf

MINISTERIO DE EDUCACIÓN. GOBIERNO DE LA PROVINCIA DE CÓRDOBA (s.f) *Pensar la enseñanza, tomar decisiones. Educación Primaria. Ciudadanía y Participación. Planificación y desarrollo didáctico*. Recuperado de http://www.igualdadycalidadcba.gov.ar/SIPEC-CBA/coleccionpensar/primaria/CIUDADANIA%20Y%20PARTICIPACION%205%20GRADO.pdf

VELARDE, C. (2006) *Manual para construir*. Guatemala: Ministerio de Educación. Recuperado de www.oei.es/historico/quipu/guatemala/construyendo/quinto.pdf

A modo de cierre
para habilitar una nueva apertura

El desafío cotidiano
de la enseñanza y el aprendizaje
de la formación ética y ciudadana

Pensamientos, reflexiones e interrogantes que se aclaran y otros que se tiñen de colores opacados, que nos permiten discurrir sobre lo nuevo, lo inédito, lo impensado. Otros se transforman en ideas desafiantes, utopías, horizontes provocadores, historias inacabadas, fronteras que se borran en el encerrado y reducido mundo del conocimiento escolar.

A los fines de entrecerrar la lógica y el recorrido de este encuentro entre ustedes y nosotras, creemos importante reconsiderar los decires y saberes que se registraron a lo largo de este libro. De lo que se trata es de intentar consolidar una articulación conceptual que nos permita seguir problematizando los cuestionamientos planteados y desarrollados. ¿Qué sentidos y propósitos tiene la enseñanza de la Formación Ética y Ciudadana? ¿Qué nos acontece como docentes entre la prescripción curricular y las prácticas escolares? ¿Qué estrategias de enseñanza propician el desarrollo de una ética y una ciudadanía activas?

Es oportuno considerar aquí el pensamiento de Pablo Gentili (2000 que sostiene que la ciudadanía implica siempre una ética ciudadana, donde se definen acciones pedagógicas que, dentro y fuera de la escuela, serán más consistentes con los principios éticos que sustentan la enseñanza, como acción de la o el docente y como práctica social. En cierto sentido consideramos que la escritura de este libro nos acercó a pensar y repensar prácticas pedagógicas diferentes. Bajo esta concepción tanto el aula como la escuela se convierten en espacios que contemplan la singularidad, la pluralidad y la complejidad social y cultural.

En referencia a la enseñanza de la Formación Ética y Ciudadana nos posicionamos desde la acción intencional y práctica de transmisión cultural que no puede ser improvisada (Davini, 2008), sino que, por el contrario, se torna necesario programar el desarrollo de las acciones, organizando contenidos, metodologías y actividades adecuadas a los y las estudiantes y a la singularidad de sus contextos.

En esta línea argumental el aprendizaje también es un acontecimiento ético y político, que tiene que ver con lo que nos pasa, nos toca, nos deja huellas, nos transforma, nos hace pensar, nos ayuda a reconfigurar el sentido de las cosas, nos asombra y nos acerca a lo nuevo. Es un acontecimiento que se vive, se vivencia, que tiene implicación subjetiva.

En definitiva, pensamos en la educación como acontecimiento, como un acontecimiento ético y político que nos interpela y nos invita a reflexionar la praxis educativa de otra manera. Pensar la educación como acontecimiento ético y político significa, como lo planteamos a lo largo de este encuentro con ustedes, asumirla como una relación con el Otro desde la alteridad, desde la hospitalidad, habilitando al Otro desde una mirada ética del reconocimiento.

Bibliografía

DAVINI, M. C. (2008) *Métodos de enseñanza. Didáctica general para maestros y profesores*. Buenos Aires: Santillana.

GENTILI, P. (2000) "Educación y ciudadanía: la formación ética como desafío político". En GENTILI, P. (coord.). *Códigos para la ciudadanía. La formación ética como práctica de la libertad*. Buenos Aires: Santillana.

LARROSA, J. (2010) "Herido de realidad y en busca de realidad. Notas sobre los lenguajes de la experiencia". En CONTRERAS, J. y PÉREZ DE LARA, N. (comp.) *Investigar la experiencia educativa*. Madrid: Morata.

Anexo

Reservorio de recursos para el abordaje de la Formación Ética y Ciudadana en el Nivel Primario [41]

EJE PERSONA

La categoría de persona, hace referencia a lo más propio y distintivo de los hombres y mujeres: su singularidad como ser físico, psíquico y espiritual y su dignidad como ser humano. Esto hace de ese ser humano consciente, libre y moralmente responsable.

La categoría persona es compleja en cuanto hace referencia a un ser que es capaz de conocer, querer, elegir, sentir, crear, expresarse, relacionarse con los otros y responsabilizarse de su actuar, trascender.

Este eje incluye contenidos tales como: procesos psíquicos de la persona, de sociabilidad básica, de la identidad, las identificaciones sociales y la salud de la persona.

Recursos para Primer Ciclo del Nivel Primario

• La gran pregunta: Hogar. Canal Pakapaka. La familia y sus roles. Recuperado de https://www.youtube.com/watch?v=gVhRs138j5o

---

41. La presente investigación fue presentada en el marco del cuarto trabajo práctico del Espacio de Definición Institucional II titulado Formación Ética y Ciudadana del tercer año del Profesorado de Educación Primaria, en el año 2016, de la Escuela Normal Superior N° 33 "Dr. Mariano Moreno" de la ciudad de Armstrong, provincia de Santa Fe. Las estudiantes que rastrearon, seleccionaron y compilaron los recursos fueron: Camila Aguilar, Débora Durán, Marina Duvini, Camila Gómez, Ornela Juan, Paola Latini, Jimena Maldonado, Katerina Millicay, Antonella Olguin, Ma. Fernanda Rosso, Cintia Said y Ma. José Vagni.

- La gran pregunta: Deseo. Canal Pakapaka. Lo que quiero. Recuperado de www.youtube.com/watch?v=jzkOhoDzzIs
- Noticia periodística: Un nene víctima del *bullying* se suicida. *Bullying*. Recuperado de http://www.minutouno.com/notas/1503793-un-nene-victima-bullying-se-suicido-me-rendi-dijo-una-carta
- Canción de Nonpalidece Juanito. Lo que quiero y lo que puedo. Recuperado de https://www.youtube.com/watch?v=A-6zIl5wiYE
- Corto Animado *Bullying*. Los grupos de pares y la discriminación. Recuperado de https://www.youtube.com/watch?v=I0RZvBUYgnQ
- Piper de Pixar. La familia. Recuperado de https://www.youtube.com/watch?v=U1w_JANPACc

Recursos para Segundo Ciclo del Nivel Primario

Cortometraje animado: Siempre sé tú mismo. Identidad. Recuperado de www.youtube.com/watch?v=Tj7yRZs_Kn0

- Buenas Vibraciones. Proyecto de responsabilidad. El actuar de las personas: motivaciones y razones de la conducta humana. Recuperado de www.youtube.com/watch?v=Huz8wlP3BKY
- Imagen para trabajar Violencia Familiar

- Así reacciona un niño cuando le dicen pégale a una niña. Violencia de género y demás tipos de violencia. Recuperado de https://www.youtube.com/watch?v=yES5Rz9TmaU

Recursos para Tercer Ciclo del Nivel Primario

- Corto inspirador: *Identidad*. Recuperado de www.youtube.com/watch?v=97HSsCrRS-8
- El orden de las cosas. Violencia de género. Recuperado de https://www.youtube.com/watch?v=hfGsrMBsX1Q
- Canción: Me miro en el espejo. Canal Pakapaka. Identidad y Otredad. Recuperado de https://www.youtube.com/watch?v=bdKHk8DkS_Y
- Película: *Billy Elliot*. Quiero bailar. Homosexualidad. Recuperado de http://www.recpelis.com/pelicula/7610/billy-elliot.html
- Yo tomo tu mano. Discriminación por género y homofobia. Recuperado de https://youtu.be/_5iDPjXV_yM
- Break Free. Ruby Rose. Identidad de género. Recuperado de https://www.youtube.com/watch?v=EFjsSSDLl8w
- Querido papá, me van a llamar perra. Violencia de género. Recuperado de https://youtu.be/VV7lTi1JDQI

EJE VALORES

La dimensión valorativa es una característica que emerge de la persona en cuanto es capaz de actuar de acuerdo a finalidades u objetivos, juzgar y tomar decisiones en función de ello, en orden a la elección de caminos de humanización personal y social.

La persona es capaz de descubrir, apreciar, actualizar y asumir jerárquicamente valores. La escuela tiene la responsabilidad de promover los valores que son reconocidos universalmente porque están basados en la dignidad de las personas y en la naturaleza humana. Entre ellos se pueden mencionar la promoción del bien, la búsqueda de la verdad, la vida, la dignidad, el amor, la paz, la convivencia, la amistad, la solidaridad, la comprensión mutua, la justicia, la libertad, la tolerancia, la honradez y el entendimiento internacional e intercultural.

La formación ética debe dar las herramientas necesarias no sólo para saber qué es lo socialmente valorado sino que debe dar la posibilidad de que el alumno pueda asumir con cierta autonomía los criterios por lo que se califica algo como bueno y, además, sepa y quiera actuar de acuerdo con lo que sostiene como valor.

Recursos para Primer Ciclo del Nivel Primario

- Animalímpicos. Pakapaka. Amistad y Justicia. Recuperado de www.pakapaka.gob.ar/videos/130662
- Chiquisaurios. Valores. Recuperado de www.youtube.com/watch?v=esFZGPntFKk
- Distintos tipos de familias. Valores vividos y aprendidos en la familia. Recuperado de https://www.youtube.com/watch?v=osRxj6sdvcY
- ¿Qué es el amor? El Amor (video de un cuento que también podemos encontrarlo en formato papel). Recuperado de https://youtu.be/wdExBfvY-nQ
- Canción de Laura Pausini: La Amistad. Amistad. Recuperado de https://www.youtube.com/watch?v=C9rX1o2RZc8
- La línea. Un cuento solidario. Solidaridad. Recuperado de https://www.youtube.com/watch?v=snL8IRJ4i4Q
- Imagen para trabajar la Honestidad

- Piper de pixar. Amistad, valentía y solidaridad. Recuperado de https://www.youtube.com/watch?v=U1w_JANPACc

Recursos para Segundo Ciclo del Nivel Primario

- Monsterbox. Educación Emocional. Amistad. Recuperado de www.youtube.com/watch?v=OczEHXRU9WU

- Derribemos los Prejuicios. Experimento. Publicidad Coca Cola. El respeto a los demás en su libre obrar. Recuperado de www.youtube.com/watch?v=LRs-nd_8oA0
- Cuerdas. Amistad. Recuperado de https://drive.google.com/file/d/0B_1kISbbPHQcaWJqWUFpTWV3cjA/view
- Mis zapatos. Resiliencia. Recuperado de https://youtu.be/qy11mKVPieo
- Solidaridad. Recuperado de https://youtu.be/KDdilw-mujM
- Imagen para abordar la acción humana, motivación, medios y fines

- Fragmento de la película Chrissa Stands Strong. El respeto a los demás en sus acciones. Decisiones personales. Libertad y responsabilidad. Recuperado de https://www.youtube.com/watch?v=nKrjEOAnH4g

Recursos para Tercer Ciclo del Nivel Primario

- Mis Zapatos. Corto y moraleja sobre los valores de la vida. Recuperado de www.youtube.com/watch?v=qy11mKVPieo
- La honestidad. Recuperado de www.youtube.com/watch?v=N9rI8EhLomU
- Ella se ve como una mamá normal, pero no lo es. Perseverancia y responsabilidad. Recuperado de www.youtube.com/watch?v=8Fwm2kXMiIs

Las normas se refieren a la convivencia social en tanto se hayan organizadas en torno a un sistema de principios y leyes cuyo propósito debe ser garantizar el respeto social a la dignidad de las personas y propiciar la construcción del bien común. En este eje se proponen los contenidos básicos orientados a la educación ciudadana: el significado y las funciones de las normas para la vida social organizada, los principios, valores y supuestos de la Constitución Nacional, de la Constitución Provincial y los Derechos Humanos.

La formación ciudadana pretende indagar sobre la naturaleza y el desarrollo de la vida política, ejercitarse en la vida democrática, como un obrar que se hace cargo de los principios éticos inherentes a la democracia y no solamente adquirir contenidos teóricos.

Recursos para Primer Ciclo del Nivel Primario

- Canción de Rubén Rada Yo Quiero. Derechos de los niños y niñas. Recuperado de www.youtube.com/watch?v= Ee63l-QeUYZ0
- Distracciones. Canal Pakapaka. Educación Vial. Recuperado de https://www.youtube.com/watch?v=HS-JGu5YwrQ
- Todos debemos respetarnos. Respeto. Recuperado de https://youtu.be/CcMWU6r3TRs
- Canción de Nonpalidece Juanito. Derechos de los niños y las niñas. Recuperado dehttps://www.youtube.com/watch?v=A-6zIl5wiYE

Recursos para Segundo Ciclo del Nivel Primario

- El Puente. Normas de convivencia social. Recuperado de www.youtube.com/watch?v=LAOICItn3MM
- La Historia de los Derechos Humanos. Los derechos humanos. Democracia y derechos humanos. Recuperado de www.youtube.com/watch?v=LjB3-SrJmoI
- Imagen para abordar las Normas de convivencia social

- Cortometraje acerca de Diversidad Cultural. Recuperado de https://www.youtube.com/watch?v=sxFDFf8qCEo
- Canción de Franco De Vita No basta. Derechos de los niños y las niñas. Recuperado de https://www.youtube.com/watch?v=a2EWw3Qs154
- Constitución Nacional Argentina para chicos. Principios y valores básicos de la Constitución Nacional. Recuperado dehttp://www.saij.gob.ar/docs-f/constitucion-para-chicos/constitucion_infantil_web.pdf

Recursos para Tercer Ciclo del Nivel Primario

- Película Escritores de la Libertad. Poder favorecer la libertad. Recuperado de https://cdn.educ.ar/dinamico/UnidadHtml__get__1ad0cec5-7afe-445a-af4b-121d1c69b7de/pdf/23_Escritores_de_la_libertad.pdf

Recursos y documentos varios para el área Formación Ética y Ciudadana en el Nivel Primario

- Guía de Recursos de Convivencia Escolar. Libro digital. Recuperado de http://es.calameo.com/read/001470812 0352d97ee3b0
- Guía federal de orientaciones para la intervención educativa en situaciones complejas relacionadas con la vida escolar 1. Recuperado de http://www.educ.ar/sitios/educar/recursos/ver?id=123194
- Guía federal de orientaciones para la intervención educativa en situaciones complejas relacionadas con la vida escolar 2.

Recuperado de http://www.educ.ar/sitios/educar/recursos/ver?id=123195

- Acoso entre pares. Orientaciones para actuar desde la escuela. Recuperado de http://www.educ.ar/sitios/educar/recursos/ver?id=123200
- Declaración de los Derechos del Niño de 1959. Recuperado de http://www.humanium.org/es/declaracion-de-los-derechos-del-nino-texto-completo/
- Derechos de los niños, niñas y adolescentes. Recuperado de https://www.unicef.org/argentina/spanish/ar_insumos_MNDerechos.pdf
- Cuentos y planes de clases sobre perspectivas de la Democracia. Recuperado de http://www.icpnachi.edu.pe/pc2013/cuentos_%20planes.pdf
- Programa Nacional de Desarrollo Infantil. Recuperado de http://portales.educacion.gov.ar/dnps/programa-nacional-de-desarrollo-infantil/
- Lineamientos curriculares para la Educación Sexual Integral. Recuperado de http://www.me.gov.ar/me_prog/esi/doc/lineamientos.pdf
- La discriminación en la Argentina. Casos para el debate en la escuela. Recuperado de http://www.educ.ar/sitios/educar/recursos/ver?id=111082&referente=docentes